影像

常勋

常煊 ◎ 编著

厦门大学出版社
XIAMEN UNIVERSITY PRESS
国家一级出版社
全国百佳图书出版单位

图书在版编目(CIP)数据

影像常勋/常煊编著. —厦门:厦门大学出版社,2019.4
ISBN 978-7-5615-7351-8

Ⅰ.①影…　Ⅱ.①常…　Ⅲ.①常勋(1924—2017)—传记—画册　Ⅳ.①K825.31-64

中国版本图书馆 CIP 数据核字(2019)第 053140 号

出 版 人	郑文礼
责任编辑	陈丽贞
封面设计	夏　林
版式设计	张雨秋
技术编辑	朱　楷

出版发行　厦门大学出版社

社　　址	厦门市软件园二期望海路 39 号
邮政编码	361008
总 编 办	0592-2182177　0592-2181406(传真)
营销中心	0592-2184458　0592-2181365
网　　址	http://www.xmupress.com
邮　　箱	xmup@xmupress.com
印　　刷	厦门市万美兴印刷设计有限公司

开本	787 mm×1 092 mm　1/16
印张	20
插页	2
字数	376 千字
印数	1～1 800 册
版次	2019 年 4 月第 1 版
印次	2019 年 4 月第 1 次印刷
定价	120.00 元

本书如有印装质量问题请直接寄承印厂调换

厦门大学出版社
微信二维码

厦门大学出版社
微博二维码

献 给

亲爱的爸爸妈妈

序

　　在学生的记忆中，常老师的影像始于1981年的暑假，我们班去三明实习，带队的是一位从未见过，清瘦、个高而挺拔的老教师。这位老师似经风霜但神采奕奕，显露学者风范，他就是常老师常勋先生。在三明实习，一所中学是我们班的住所，教室既是寝室也是生活场所，课桌拼起来就是床铺。常老师同我们一样住教室睡课桌，7月夏夜的三明市依然炎热，蚊虫肆虐，几乎每天晚上和同学纳凉散步回来，都见身着老头衫的常老师坐在用课桌拼起来的案边或持卷思考或伏案疾书。

　　听同学说，常老师系圣约翰大学毕业，解放初曾在山东、厦门等地大学任教。1958年在肃反纠偏运动中被定为历史反革命分子，被判入监劳改，直至1976年释放才重回厦大，安排在经济系资料室工作。这次带队实习，算是正式恢复在会计系的教师身份。而此前先生景况，同学们仍有不同猜想。感谢常煊编著的《影像常勋》，完整展现了常老师一生跌宕起伏的影像，而《影像常勋》之外常老师还有许多感人影像存于学生、同事及业界同行的记忆中。

　　早间发黄的老照片展现了少年常勋童子军的意气风发、青年常勋的才华横溢、新婚常勋的帅气潇洒和婚后幸福家庭的和谐温馨。正值他家庭和美、贡献才华之时，影像戛然中断18年之久。从1957年温馨的全家福到1976年特赦后的团聚照，不难想象常老师其间的遭遇。虽然1976年常勋先生已年过半百，清瘦而略显疲惫，但神态淡定，目光坚定而睿智，一旦重登三尺讲台，多年积聚的热情和力量必将迸发，为钟爱的教育事业绽放。

复出不久，常老师随团访问香港，赴加拿大达尔豪斯大学访问交流，出席在日本召开的国际会计教育年会，中国会计教育界的声音出现于国际舞台，国际会计也进入了中国会计教育的视野。

毕业一年后重返厦大，师从余绪缨、常勋和黄道标三位先生读研，我荣幸成为常老师的第一个研究生。此时常老师已是花甲之年，却更是气质非凡、精神矍铄。当时他正编纂中央电大教材《西方财务会计》，为国际会计班授课；继而给研究生开讲"国际会计三大难题"和"高级财务会计"，在国内首次将国际会计的三大难题引入教学和研究。1988年创办厦大会计师事务所，常老师任主任会计师，探索、制定一套为国内借鉴的审计业务标准规范，培养了一批优秀的注册会计师。其后他受聘出任中国独立审计准则中方专家咨询组组长，参与了中国审计准则的研究及制定。他当选民革福建省委会副主任委员和民革中央委员，任福建省及厦门市政协委员及人大代表，参政议政，为国家发展献计出力。七十高龄受命创办华厦学院，并出任首任院长。短短数年，常老师不仅在教学、科研、会计实务和审计领域做出了令人瞩目的成就，还在社会活动等多个领域都做出非凡的贡献。

研究生三年，国光三号楼的常老师家我经常光顾。国光三是传统的瓦房，常老师家居于国光三号楼中间，门前有一小院，栅栏上攀缘着三角梅和玫瑰。一间卧室、一间小厅，后面是厨房，出后门还有一小块空地。虽然居所不大，师母却将其收拾得干净整齐、朴实典雅。去常老师家，门厅里迎接我们的一定是师母慈祥的微笑，还有常老师小孙子常亮的雀跃。进门小厅右边是常老师的卧室兼书房和客厅，常老师和我还有回母校进修的赵锦爱，师生三人在这个房间里讨论问题、分析教材、修改论文、谈天喝茶。可惜当时穷于摄影器材，未曾留下任何影像，但那些场景永存于学生脑海之中。难以置信，常老师的许多成果及大量的前期工作，都是在国光三狭小的居所中完成的。

此后每次去厦大总要去常老师住过的国光三号楼，回忆秋冬栅栏边的三角梅和春夏门前的玫瑰。

因历史问题连累家人，常老师一直心存亏欠。而妻儿迫于压力导致常老师精神上受伤害，一直备感内疚。85岁庆生座谈会上，长子常煊为此当面道歉，父子相对落泪，场面令我们感慨万千。长子常煊回厦门后三代同堂，常老师和师母相濡以沫，子孝媳贤，温馨和睦令我感动。师母待人儒雅大方、为妻贤淑，对常老师的照顾细致入微。一次常老师留我吃饭，师母摘洗空心菜细致用心，犹如绣花，那天的空心菜是我迄今品尝过最美味的空心菜。常老师的成就流淌着师母的涓涓暖流。儿媳打理家务、管顾家事，常老师曾多次赞赏并表示感谢。如此之多的影像至今记忆犹存。

常老师待学生宽厚谦和、关心备至、尽力提携，凡事为学生着想，从不给人添麻烦，为此赢得了各届同学、校友们的爱戴与敬仰。1998年入学20年纪念返校，赵锦爱给师母带了条丝巾，常老师一再感谢说锦爱太客气。出差乘机，杜红鹰在机场关照，常老师也是时常提起。学生们更是惦记常老师，外地同学每返厦大或来厦门出差一定前往探望，或专程拜访常老师。

2001年10月，我患乳腺癌，手术后化疗直到12月我还在住院。常老师来北京开会，电话中我如实告诉常老师生病一事。电话的那一头顿时无语，空气似乎凝固。稍后常老师好像缓过神来，详细问了病情，嘱咐我好好治疗和康复。一年过去了，我安然无恙，2002年常老师开会下榻北京饭店，我带儿子前往。常老师看我状况不错，非常高兴，谈了很久，并拍照留影。

时而有同学提议为常老师庆生，都被常老师谢绝。2008年天健华天会计师事务所提议给常老师庆贺八十五岁生日，常老师一再叮嘱，小范围进行。仅限常老师指导的学生和涉外财会班的同学，十几个人小会议室聚会，晚餐由事务所张罗。然而消息传出，财政部会计司等单位、兄弟院校及业界同仁纷纷来信来电祝寿。2013年常老师的身体大不如以前，陈箭深师弟、致同会计师事务所厦门分所提出庆贺常老师的九十岁华诞，海内外同学、校友得知，纷纷亲临或视屏祝寿，会计学会、注册会计师协会诸单位来人亲临祝贺，财政部会计司、兄弟院校发来贺信贺电。

2012年夏天，林湜电话说常老师感染肺炎，情况不容乐观。林湜、赵锦爱和我一致认为应在常老师健康状况还好、头脑清晰的时候看望他。我和锦爱立即去厦门，还好常老师肺炎痊愈，见到我们非常高兴并拍照留影。照片上可以看出常老师面带微笑、平静慈祥。我们认为常老师思维敏捷，没大问题，可以过九十、九十五岁生日，甚至百岁寿辰。孰料2017年1月10日，林湜电告常老师去世的消息，我悲痛万分，赶往厦门。次日在灵堂迎接常老师灵柩。常老师躺在鲜花丛中，神态十分安详。

常老师走了，但是常老师的人格魅力常在，风范和精神永存。常老师前半生坎坷，将近花甲之年才获得重新工作的机会，他用二十三年的时间做了许多人一辈子也难以做到的事。常老师没有招收指导博士生，但他的成就远超博士生导师的学术水平。常老师的成就得到了会计教育界、学术界，会计、审计实业界同仁的一致高度评价和称颂。"雪寒方显腊梅艳，夕阳堪比朝霞红"。

常老师走了，但国光三常老师的卧室兼书房和客厅，常老师和师母慈祥的影像仍存脑海，小院栅栏边的三角梅、红玫瑰还在微风中微笑……

受业余恕莲谨撰
2019年3月1日于北京

目 录

常 勋

1924 年农历五月二十日出生于常州市，父亲早逝，母亲含辛茹苦带大了姐弟四人，还是靠三姐的资助，读完高中并考取上海圣约翰大学。自大学三年级下学期起在美国合众社上海分社找了份兼职工作，半工半读坚持完成大学学业。常勋在上海公共租界就读高中时，日寇已占领了上海及中国大片国土，作为热血青年，常勋加入了三青团，秘密参与抗日活动，为此还蹲了日寇的监牢。常勋的这段经历，给他带来了自 1958 年起的 18 年劳改生涯。

由于学习成绩优秀，常勋毕业后被上海圣约翰大学经济系留任助教一直到中华人民共和国成立后。1952 年经交代历史问题后他被分配到山东财经学院任教，1953 年高等院校调整，被调往福建厦门大学任教。

1958 年 1 月 "肃反纠偏"，常勋被重新处理，以 "历史反革命罪" 被判六年有期徒刑，此时常勋的小女儿尚未满四周岁。后来他被 "刑满留场"，直到 1976 年 7 月 "小特赦"，常勋才重获自由，被遣返回厦门并安排在厦门大学经济系资料室做专职英文翻译工作。

1979 年经厦门中级人民法院裁定，摘掉了常勋的 "历史反革命" 帽子；1980 年初，常勋的 "历史反革命" 冤案被彻底平反，是年重返厦大讲台的常勋已 56 岁。然而此时的常勋如同久旱逢甘雨，充分发挥自己所长，率先进入涉外会计、国际会计等领域，取得了可喜的教研成果，1992 年 4 月获 "厦大南强奖" 一等奖。常勋在 1990 年退休后被返聘，一直到 2003 年才辞去所有教学工作。

常勋在 1988 年还创办了厦大会计师事务所，积极参与中国注册会计师行业建设；1993 年应聘出任华厦职业大学首任校长；作为民革党员，他还积极参政议政。

· 少年常勋

·· 着童子军服的常勋

·: 上海圣约翰大学时期的常勋和薛清渊女士，两人于 1948 年结为伉俪

· 在上海圣约翰大学自编自导并主演的京剧《纸公鸡》剧照（庄肇嘉校友提供）

·· 1950 年一家子在圣约翰大学校园

:: 1953 年在山东财经学院期间

· 1954 年在厦门大学工作期间

·· 完整的全家福（1957 年）

· 在福建龙岩青草盂劳改农场期间以最保险的方式温习英文

·· 在青草盂劳改农场期间温习英语的笔记

· 残缺的全家福（1958 年）

·· 残缺的全家福（60 年代）

∴ 残缺的全家福（1974 年）

∷ 迷茫的三兄妹（1972 年）

· 获特赦回厦门后的首张全家福（1976年）

· 在厦大经济系资料室工作期间（1976年）

·· 18年后终团圆（1977年）

∷ 厦大经济系资料室同仁（1979年5月）

· 重游阔别多年的鼓浪屿（1977 年）

·· 妻子薛清渊的平反书（1980 年）

· 重返讲台后的常勋教授（1981 年）
·· 随厦大参访团在香港期间（1985 年）
∴ 到加拿大院校交流期间（1986 年）

Sixth International Conference on Accounting Education
October 7-10, 1987 Kyoto, JAPAN

· 时隔36年后与三姐（左）、二姐在旧金山相会（1986年12月）

·· 出席1987年东京第六次国际会计教育年会（右为白肇鲁教授）

· 回江苏南京省亲（1988年）

·· 创办厦大会计师事务所，出任主任会计师（1988年）

∴ 参加福建省注册会计师协会活动（1989年5月于福建东山岛）

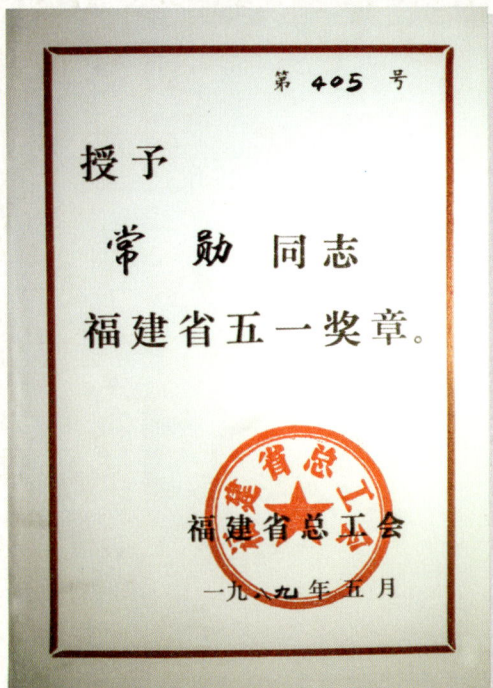

· 获福建省五一奖章（1989 年）

·· 入选世界名人录（1990 年）

∷ 沙滩休闲（1990 年 5 月）

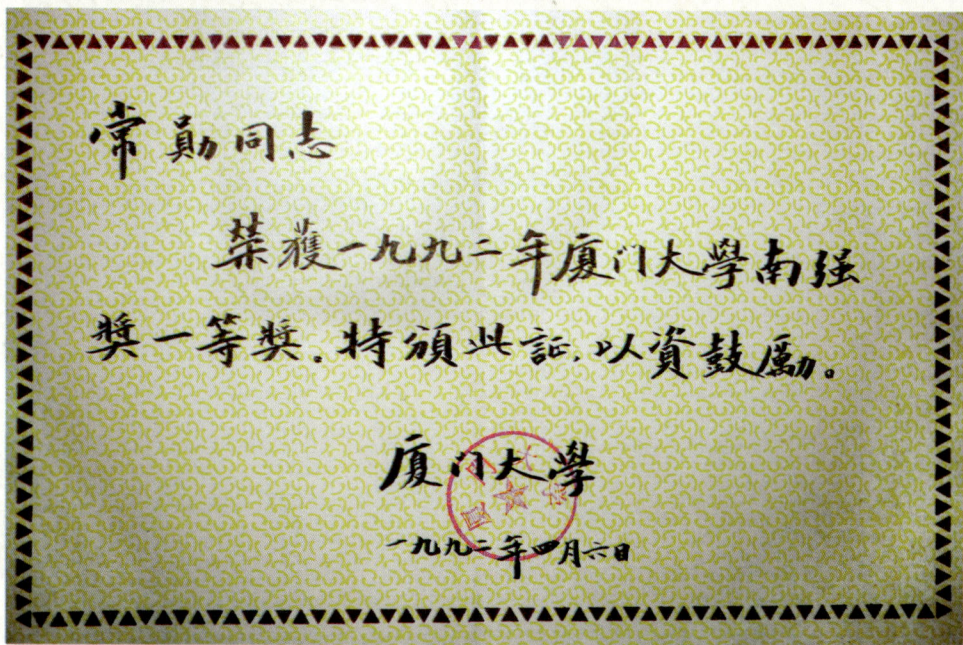

常勋同志

　　荣获一九九二年厦门大学南强奖一等奖，特颁此证，以资鼓励。

厦门大学

一九九二年四月六日

· 谈笑风生（1991 年"五一"节）

·· 荣获厦门大学南强奖一等奖（1992 年）

证书

常勋 同志：

为了表彰您为发展我国

高等教育 事业做出的突

出贡献，特决定从九二年和十月

起发给政府特殊津贴并颁发

证书。

政府特殊津贴第(92)3601531号 　　　　一九九二年十月一日

中华人民共和国国务院

国务院

· 获政府特殊津贴（1992 年 10 月）

·· 作学术报告（90 年代）

· 参加圣约翰全球校友第二届联谊会（1992 年于上海）

·· 圣约翰校友来家作客（1993 年 10 月）

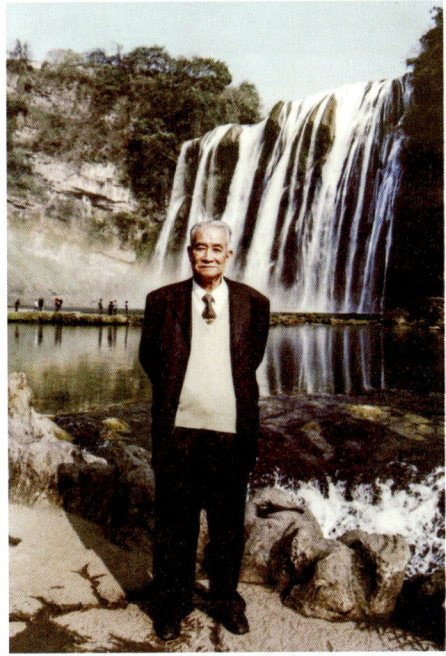

· 在香港讲学期间（1993 年）

·· 联欢会上的京剧票友（90 年代）

∷ 黄果树瀑布留影（1994 年）

· 哈尔滨太阳岛留影（1994年夏）

·· 不到长城非好汉（1990年）

∴ 黄山迎客松留影（1996年）

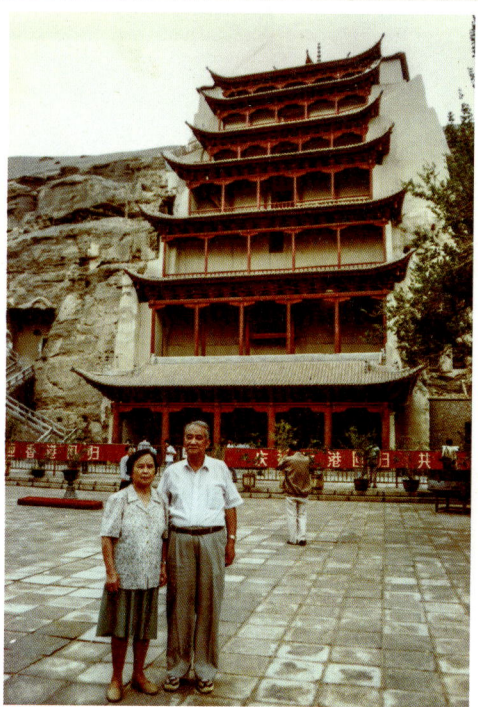

· 出席第五次闽台会计师交流研
  讨会期间（1998 年 8 月于台北）

·· 1997 年夫妇同游莫高窟，适逢
  香港回归

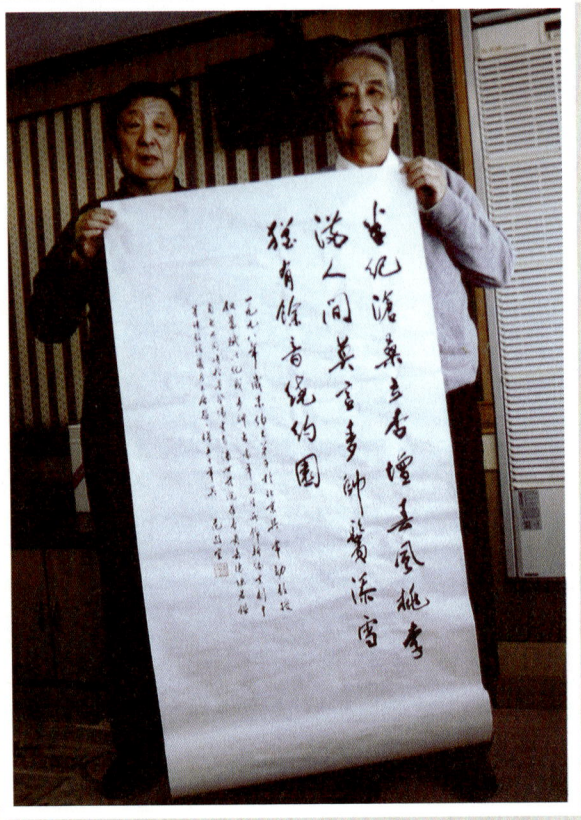

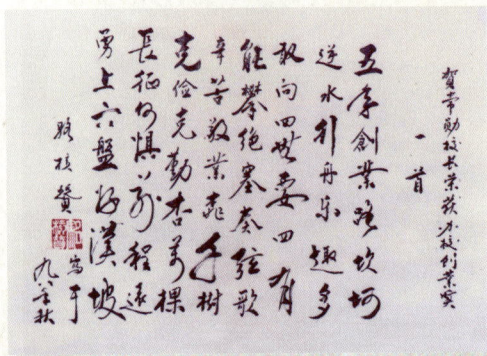

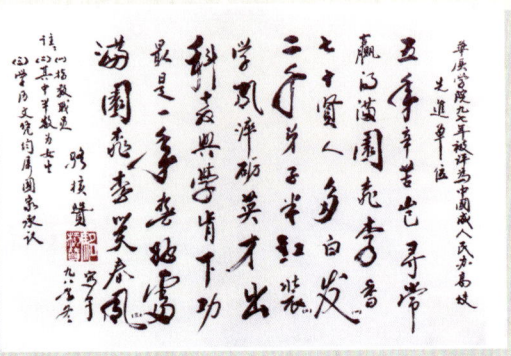

· 圣约翰校友庄肇嘉赠书法作品（1998年）

·· 奉献华厦，创业五年，成果显著，社会人士赠诗祝贺（1998年）

FIGURE 人物专访

学术权威

文/ 黎冉 夏虹

人品楷模

——记我国知名会计学家、注册会计师常勋教授

常勋教授近影

每每步入厦门大学美丽如画的校园，接触到众多的导师、博士，都会产生一种神圣之感。当看到健步走来的常勋教授—— 一位我国会计界和注册会计师行业的名人，一位从教50余年的宗师，一位饱经风霜、年逾古稀的老人，不由使人肃然起敬；而当你看到他的学生和身边的人谈到常教授就滔滔不绝的情景，

更是感受到了他那特有的人格魅力，一种孜孜以求的精神，一种勃勃向上的生机。这使我们产生了一定要把常勋教授介绍给读者的强烈愿望。

国际会计开先河

1948年1月，常勋教授毕业于上海圣约翰大学经济系后便留校任

教，曾兼任编辑和翻译工作。由于他有着扎实的英文功底和多年教学的实践经验，在改革开放后的1982年，厦门大学把首次为海洋石油系统培训涉外会计人才的任务交给了他。当时我国还没有这方面的教材，常勋教授便根据教学需要编写了我国第一本《会计专业英语》，此后，又对这本书进行了修订，并多次再版，深受读者欢迎。常勋教授主编的《西方财务会计》、《国际会计》、《中外合资经营企业会计》、《外商投资企业会计》等，也都是我国在此类教材中最早的版本，曾先后获得国家教委和财政部授予的优秀教材奖。

有人说，常勋教授在引进西方财务会计，并把会计理论与实务融为一体方面，实实在在做出了重大贡献。的确是这样。在改革开放初期，常勋教授除了完成学校的教学任务外，还为我国的海洋石油系统、外贸系统和厦门经济特区培训了数千名涉外会计人才。如今，他们中有很多人已经是大公司的总会计师、财务总监，成为企业的中坚力量。1985年，在世界银行的资助下，厦门大学受国家教委的委托，开办了学制为一年的全国高校国际会计与国际税务师资培训班。常勋教授为培训班讲授了《西方财务会计》和《外商投资企业会计》两门课。这样的培训班先后举办了四期，培养了300多人。目前，活跃在全国高校涉外会计和国际会计教学战线上的骨干教师，多出自这几期培训班。

1985年，常勋教授又率先在我国招收了国际会计研究方向的硕士研究生，后又专门为研究生开设了

中国注册会计师 42

·《中国注册会计师》1999年3月号专访

敬爱的常先生：

欣逢您八秩华诞，我们谨向您祝寿，祝您：寿比南山，福如东海！并向师母及您全家表示祝贺和问候。

五十多年前，我们一起生活在圣约翰大学校园，您学识渊博、治学严谨、和蔼可亲、性格开朗，深为约大师生的钦佩。您是我们尊敬的老师、诚挚的兄长。您爱好京剧，在约园中扮演的"麦帅"，至今还在海内外校友中颂扬。院系调整、毕业分配，您到厦门大学任教，我们北上参加工作，师生之情常在，校友之谊永存。我们在工作岗位，经常思念您对我们的培养和教育之恩。特别是改革开放以来，您在百忙之中还对我们的工作进行指导、帮助和支持，我们深为感激，并将永远铭记在心。

您是我国著名的会计学家。长期以来，您以开拓进取的创新精神，渊博的学术知识，科学求实的治学风格，精湛的教学艺术，培养和造就了大量的现代化高级会计人才；您编辑和翻译大量会计教材；规范

现代会计科学的研究和开发；注重注册会计师业务的建设和国际会计交流。您不辞辛苦、呕心沥血、无私奉献，作了大量艰苦、细致和卓有成效的工作，为我国会计工作和会计教育的改革和发展，做出了卓越的贡献。您不愧是圣约翰大学校友的表率和典范。我们向您致以崇高的敬意。祝您健康长寿！吉祥如意！幸福快乐！

圣约翰大学学生

高尚全　赵树濂　朱韵芳　杨明德
吴美莲　邵惠慈　高言德　曾永亮
冯树评　沈立时　邹鹤鸣　王征贤
庄肇嘉　周景德

敬贺

二〇〇三年六月十九日

· 赏重庆夜景（2000 年 4 月）

·· 圣约翰校友（亦为常勋教授留校任助教时的学生）发来的八十寿辰贺信

财会人生

呕心沥血 铸就辉煌

C1

· 声情并茂（2004 年夏周孔礽拍摄）

·· 接受《中国会计报》采访（2009 年）

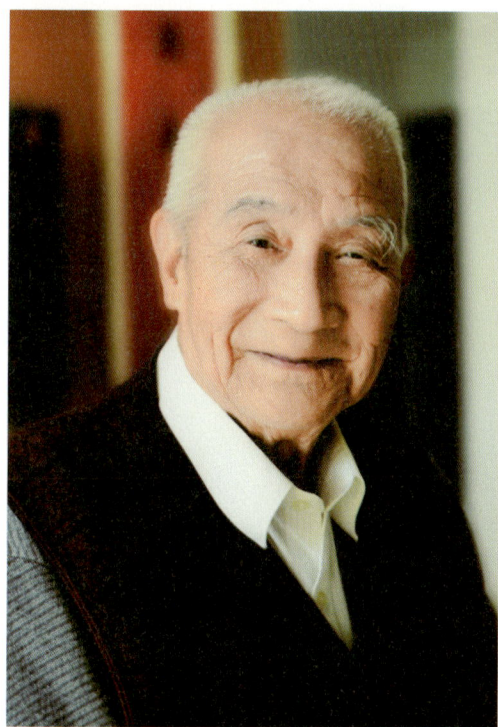

· 年过八旬的常勋教授

·· 上海圣约翰大学 130 周年校庆
重返校园（2009 年）

∴ 年近九旬的常勋教授
（陈逸拍摄）

会计口述历史

常勋
2013年5月22日

· "会计口述历史"项目组赠送的常勋教授素描像，适逢九秩华诞
·· 年逾九旬的常勋教授（2015年，刘峰拍摄）
⋮ 父子合影（2015年，刘峰拍摄）

56 岁重返讲台

从 1980 年 56 岁重返讲台，直到 2003 年 79 岁辞去所有教学工作，常勋教授倾心开拓了国际会计的教学和研究工作，取得了斐然的教研成果。

遭受了十多年的冤屈，在接近退休的年龄还是那么孜孜不倦地工作；"越是失掉过机遇，越觉得机遇之可贵"，常勋教授把这 23 年视作自己最值得珍惜的岁月。

常勋教授所选定的国际会计教研方向，紧随改革开放的时代脉搏；他敏锐把握前沿问题，敢于发表具有前瞻性的观点，并在不断修正、充实中前进。

扎实的英语功底（就是在牢狱中也没放弃过），使他能随时把握住国际会计的新动向。

身为教师，又有注册会计师的实践，这种"两栖"经历，给他的教研工作带来"相得益彰"的效果。

这 23 年，常勋教授不仅追回了青春，更是创造了人生的辉煌。

参加大连工学院讲习研究班学习（1980 年）

石油部外事财务学习班全体团员学习留念1982.1.于厦门大学

厦门大学外了经济财务培训班厦门学员结业留念 82.1

· 重返讲台后担任石油部外事财务学习班教学工作

·· 重返讲台后担任外事经济财务培训班教学工作

· 应邀在渤海石油公司讲学（1985 年 6 月）

·· 参加教学活动（80 年代初）

· 参加厦大首届会计博士论文答辩会（1985 年）

·· 随厦大参访团到香港考察（1985 年）

· 受委派到加拿大达尔豪斯大学交流（1986 年）

·· 在加拿大院校交流期间

· 在中央广播电视大学
录制"西方财务会
计"课程（录制现场，
1987 年）

·· 李登河老师（左一）
陪同前往中央广播电
视大学录制（1987 年）

∴ 连夜加班准备"西方
财务会计"课程讲稿
（1987 年）

· 出席 1987 年东京第六次国际会计教育年会（中国代表团成员）
·· 出席 1987 年东京第六次国际会计教育年会（大会现场）
∴ 出席 1987 年东京第六次国际会计教育年会（学术交流）

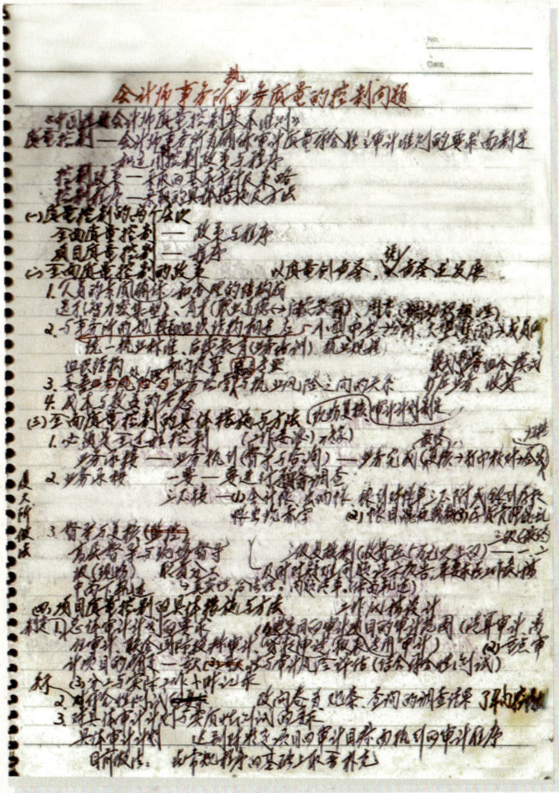

· 参加厦大第二届会计博士
论文答辩会（1987 年）

·· 会计专业硕士研究生课程
"注册会计师业务研讨"
讲义手稿（1989 年）

1989年福建省普通高校优秀教学成果

获 奖 证 书

获奖项目："国际会计"专业开拓与教材建设

获奖者：常 勋

奖励等级：省级一等奖

证书编号：83011

福建省教育委员会

1989 年 11 月 21 日

· 与"国际会计""国际税务"课程外籍教师合影（80 年代）

·· 获福建省教委优秀教学成果一等奖（1989 年）

· 出席用友现代会计审计研究所成立大会（1990年）

·· 携弟子黄世忠、陈箭深与用友现代会计审计研究所名誉所长保罗·加纳博士合影（1990年）

∴ 中方学者与用友现代会计审计研究所所长文硕（右三）合影（1990年）

· 参加厦大会计系硕士论文答辩会（1991年6月30日）

·· 与参加论文答辩会的学生薛芸（左一）、冯秋英、徐金洲（右）合影（1991年6月30日）

· 受邀担任香港城市理工学院
客座高级研究员（1993 年）

·· 在香港城市理工学院讲授
"中国的会计与税务"的讲
义手稿（1993 年）

· 参加厦大会计博士论文答辩会（1993年）

·· 参加厦大会计博士论文答辩会（1994年）

∴ 参加厦大会计博士论文答辩会（1995年）

· 接待外宾（曲晓辉
老师陪同，1994 年）

·· 接待外宾（刘峰老
师陪同，1994 年）

·: 获厦门大学优秀教
材一等奖（1995 年）

由常勋同志主编的《现代西方财
务会计》教材，在厦门大学首届优秀
教材评奖中，被评为厦门大学优秀教
材一等奖。

特发此证，以资鼓励。

厦门大学

一九九五年九月十日

· 参加葛家澍教授、余绪缨教授从教50周年庆祝大会（1995年）

·· 参加高校会计审计教学研讨会（90年代）

· 与王松年教授（左二）一起参加学术活动（1995 年）

·· 应邀参加友校博士论文答辩会（90 年代）

· 参加中国会计学会学术活动（90 年代）

·· 与吴水彭教授（左一）、陈守文教授（右二）、邓力平教授（右一）一起接待外宾（1998 年 2 月）

· 受聘担任龙岩地区会计学会顾问（90年代）

· 出席在厦门大学召开的国际会计与财务国际研讨会（1997年4月）

· 与时任财政部会计司司长陆兵女士（前左）在研讨会上
（1997 年 4 月于厦门大学）

·· 与朱祺珩先生（右）在研讨会上（1997 年 4 月于厦门大学）

· 出席中国会计教授会'97年会（左起陈纹、周孔扔、常勋、
   张明明、黄世忠）

·· 接待香港参访团（1997年）

· 应邀在深圳华侨城作学术报告（1998 年 4 月）

·· 参加沈阳审计改革与发展咨询研讨会（1998 年）

· 参加厦大会计博士论文答辩会（1996年）

·· 参加厦大会计博士论文答辩会（1998年）

··· 参加厦大会计博士论文答辩会（2001年）

· 《中央电大经济》1997 年 10 月号封面

·· 《财会月刊》1999 年 10 月号封面

∷ 《浙江财税与会计》2000 年 9 月号封面

∷ 《会计之友》2001 年 3 月号封面

· 参加厦大会计博士论文答辩会（2002年）

·· 在厦大参加学术活动（左起张文贤教授、张蕊教授、吴水澎教授、裘宗舜教授、常勋教授、林志军教授、曲晓辉教授）

· 与曲晓辉教授、张明明教授、潘琰教授（右一）一起参加学术活动（2002 年）

·· 参加学术活动（1999 年）

⫶ 与盖地教授（右）、陈少华教授一起参加金融出版社活动（2003 年）

厦门市会计学会第五次会员代表大会 2006.5.23

厦门市会计学会第五次会员代表大会

· 受聘担任厦门市会计学会顾问（2006 年）

· 与葛家澍教授在一起

·· 与葛家澍教授一起参加学术活动

· 与余绪缨教授在一起

·· 与余绪缨教授一起参加学术活动

· 与葛家澍教授、邓子基教授（左二）一起会见来宾（1993 年 3 月）

·· 与葛家澍教授、陈守文教授在一起

· 与石人瑾教授（左）、谢澍森教授在一起（1995 年 7 月）
· 与毛伯林教授在一起（1995 年 7 月）

· 与裘宗舜教授在一起（1994 年元旦）

·· 与谢澍森教授、邓延芳教授在一起（1995 年 7 月）

· 与葛家澍教授、侯文铿教授（右二）、潘琰教授一起参加
学术活动

·· 与黄世忠教授在一起

· 与李若山教授在一起

·· 与肖华老师在一起

· 与集美大学会计系老师在一起

·· 与立信出版社窦瀚修社长（左）及黄成艮编辑在一起

- · 与厦门大学出版社编辑陈丽贞在一起
- ·· 在厦门大学出版社出版的《国际会计》屡获佳奖

· 工作中

··《国际会计》手稿

· 著作与译作
·· 后期及再版著作

· 聘书与证书

·· 荣誉奖状及证书

30 年注册会计师实践

中国的改革开放促进了国内注册会计师行业的恢复和发展，在此背景下，由常勋教授出任主任会计师、厦门大学会计系老师兼任注册会计师的"厦门大学会计师事务所"于 1988 年 10 月成立。常勋教授凭着在圣约翰大学时跟随导师在会计师事务所的实践经历，更是本着诚信办所的理念，注重执业质量，坚守道德底线，从事必躬亲开始，终于带出了一批优秀的注册会计师，使厦门大学会计师事务所成为国内早期为数不多的被许可执行证券相关业务的会计师事务所。

直到 1999 年，担任了十年主任会计师的常勋教授，被由厦门大学会计师事务所脱钩改制后设立的厦门天健会计师事务所聘为顾问。常勋教授在这十年的注册会计师执业实践，不仅为天健会计师事务所的发展打下了扎实的基础，同时也丰富了自己的教研工作。

割舍不下对中国注册会计师事业的热爱，担任顾问后的常勋教授继续发挥着余热。常勋教授承担了中国注册会计师协会交给的"会计师事务所治理机制"等课题的调研工作，走访了国内多家首批完成脱钩改制的会计师事务所，在调研成果中对脱钩改制后事务所的治理提出了不少建设性意见。常勋教授还受财政部聘请，任两届中国独立审计准则中方专家咨询组成员并担任组长。2010 年 11 月，常勋教授被授予首批中国注册会计师协会资深会员称号。

· 在事务所接待来宾（90 年代初）

·· 出席福建省注册会计师协会代表大会，担任协会副会长
（1989 年）

· 中国注册会计师协会首任会长杨纪琬先生（前排右五）前来
福建省注协考察（1990 年）

·· 福建省注册会计师协会领导前来考察厦大会计师事务所
（90 年代）

· 福建省注册会计师协会组织的行业例行巡查（90年代）

·· 用友现代会计审计研究所所长文硕（右三）参访厦大会计师事务所（1991年）

· 参访福州会计师事务所（1993 年 7 月）

·· 同行来访①（1995 年）

· · 同行来访②（90年代）

·· 同行来访③（90年代）

· 执业现场（1995 年 2 月）

·· 参加京都会计师事务所活动（1996 年 9 月）

· 参加福建省注册会计师协会活动①

·· 参加福建省注册会计师协会活动②

∴ 参加福建省注册会计师协会活动③

· 参加闽台会计师学术研讨会期间，摄于武夷山九曲溪
（1996 年 11 月）

·· 和中注协工作人员在一起（1996 年 12 月）

· 参与组织发起的高校会计师事务所联席会议（1997 年 8 月）

·· 高校会计师事务所联席会议活动（1999 年）

福建省注册会计师协会常务理事会议留念 一九九七年元月二十三日于温泉宾馆

大陸注冊會計師訪問團離台

· 出席福建省注协常务理事会会议（1997 年 1 月）

·· 率团出席第五次闽台会计师交流研讨会（1998 年 8 月，台湾）

CPA Hong Kong Institute of
Certified Public Accountants
香港會計師公會

厦门大学会计系
尊敬的常勋教授：

您好！

十分感谢　阁下送赠的新作《会计创新及国际协调》两册，本会已把
阁下的著作珍藏於图书馆，供公会会员参考。

在此，再次感谢　阁下的慷慨捐赠，并祝

身体健康。

中国及国际关系总监

谭锦章

2005 年 5 月 26 日

CPA Hong Kong Institute of
Certified Public Accountants
香港會計師公會

HARCOURT ROAD
27.05.05

M35001 x o67
HONG 香港 KONG
$ 002.40
POSTAGE PAID 已付
TMS 1700

厦门大学会计系
中国福建省厦门市厦门大学
嘉庚主楼 13 层
邮编：361005
常勋教授收启

AIR MAIL

4th Floor, Tower Two, Lippo Centre,
89 Queensway, Hong Kong
香港金钟道89号 力宝中心二座四楼

· 与香港会计师公会的交流（2005 年）

· 出席财政部第三批独立审计准则中方专家咨询组会议
（1998 年 12 月）

·· 承担中注协调研课题，参访立信长江会计师事务所（1999 年）

财政部文件

财协字[2000]23号

关于成立第四届财政部独立审计准则中方专家咨询组 外国及港澳台专家咨询组的函

财政部独立审计准则中方专家咨询组、外国及港澳台专家咨询组各成员所在单位:

根据《中华人民共和国注册会计师法》的规定,中国注册会计师协会拟订注册会计师执业准则、规则,经财政部批准后施行。为了保证独立审计准则的科学性、权威性和公认性,财政部专门成立了独立审计准则中方专家咨询组、外国及港澳台专家咨询组。专家咨询组负责就独立审计准则立项、财政部征求意见稿和独立审计准则拟定稿向独立审计准则组提供咨询意见。

在前三批独立审计准则制定过程中,专家咨询组进行了卓有成效的工作,为中国独立审计准则的制定与发布提出了很多好的意见和建议,对中国注册会计师事业的发展作出了积极的贡献。

— 1 —

杨 敏 财政部条法司副司长
桐少先 浙江天健会计师事务所董事长、高级会计师
姚桂琴 中国人民银行会计司副司长、高级会计师
姚 盛 人大常委会预算工作委员会预决算审查室副主任
顾仁荣 中瑞华会计师事务所总经理
徐长浩 国家工商行政管理局企业注册局副局长
秦荣生 国家会计学院副院长、教授、博士
唐 晨 审计署投资司司长
黄世忠 厦门天健会计师事务所首席合伙人、博士
阎金锷 中国人民大学教授、博士生导师
葛 明 安永华明会计师事务所董事长
董 颀 财政部评估司司长
魏礼江 审计署办公厅主任

二、外国及港澳台专家咨询组

(一)组长:
萧伟强 毕马威会计公司合伙人

(二)副组长:
田耕崑 田耕崑会计师事务所合伙人

(三)成员(以姓氏笔画为序)
冯汉光 香港安达信会计公司
关德铨 沪江德勤会计师事务所北京分所总经理及中国业务副总裁
沈观华 詹斯伦会计师事务所合伙人
邹灿林 民信会计师事务所合伙人

— 3 —

为了在今后制定与发布独立审计准则过程中进一步发挥专家咨询组的作用,根据工作需要,现成立第四届财政部独立审计准则中方专家咨询组、外国及港澳台专家咨询组,名单如下:

一、中方专家咨询组

(一)组长:
常 勋 厦门大学教授

(二)副组长:
王世定 财政部财政科学研究所副所长、研究员、博士生导师

(三)成员(以姓氏笔画为序)
王 军 财政部办公厅主任、高级会计师
王兆星 中国人民银行监管一司副司长
王 君 世界银行高级金融专家
孙宝厚 审计署外资司司长
冯淑萍 财政部会计司司长
潘云为 大华会计师事务所主任会计师、教授、博士生导师
许善达 国家税务总局副局长
朱桅圻 天健(信德)会计师事务所首席合伙人
张为国 中国证监会首席会计师、会计部主任
肖时庆 中国证监会发行部副主任
陈建明 天健会计师事务所首席合伙人、博士
汪建熙 中国银行国际控股有限公司首席财务主管、中国银行国际(英国)有限公司副董事长
孟 焰 中央财经大学教授、博士生导师

— 2 —

张晶文 马施云会计事务所中国总裁、香港合伙人
陈绮莲 香港会计师公会助理干事(专业标准)
陈锦荣 香港浩华会计师事务所董事
郑建中 香港德勤·关黄陈方会计师行合伙人
胡国强 安永华明会计师事务所总经理、主管合伙人
梁国基 安永会计师事务所主管
博纳祖 法国萨理德会计师事务所合伙人、萨理德中瑞会计师事务所董事长
廖仲敏 普华永道会计师事务所合伙人
蔡蜂霖 台湾会计研究发展基金会常务董事兼审计准则委员会主任委员、安侯建业会计师事务所(KPMG台湾分所)合伙人

主题词:审计 准则 专家 聘任 函

抄 送:财政部独立审计准则中方专家咨询组、外国及港澳台专家咨询组各成员,各省、自治区、直辖市注册会计师协会,深圳市注册会计师协会。

· 担任财政部第四届独立审计准则中方专家咨询组组长（2000 年）

■ 诚信调查

诚信危机从何而来？如何解决诚信危机？厦门大学某著名会计系著名教授常勋在接受记者专访时直言，必须多管齐下，综合整治，从源头

铲除不诚信土壤

□ 本报记者 贾华颖／文

"过度包装"、"筹资机渴"、"一股独大"的治理结构是造成诚信危机的主因

常勋教授认为，诚信危机的源头——上市公司"过度包装"，低劣的上市公司中不少是包装上市的。造假，上市的中小股份中本来就有不少，一旦上市后不能创造利润，心想靠包装、增发圈钱，为了弥补增发的限额圈钱，这有效的大股东、有的为大股东心想圈钱，三是筹资机渴，而油手的主要目标是上市公司现在有的大股东"内部人"的公司治机，是上市公司控制权的原有设计所造成的，一股独大基本结构就会形成，近年来通过股权转让、是势形成大股东的重要原因。

成的大股东股东变现例出现，上市公司与关联方之间的不等价交易，资产的与大股东之间的占用，也暴露出不少上市公司制造假账利润，各大业绩、教训中，小股东知情谁在谁的主要存在。

把注册会计师比喻为"经济警察"是政府的期望，还没这种能量

造假，只是，作为总会计师、财务总监等高层人士，可能参与造假至策划造假，但他们是属于审查层的。如果注册会计师审计时，面对的是这种一套经过核心来切编制的虚假的会计报表，作为从外部进入企业的人，要在很短的时间内查出造假行为的基础上识别其间大的虚假信息和会计报表的期望，只是不可能做到的万无一失。

对此，我们又要回到公司治理机制问题上。正因会计师个治理机制所以公司经理层的董事会，股东大会都不能对公司经理层的董事会，股东大会都不能说服约束的力，主要是一级股东大会说了算的"治理机构"。所以，正在会计年干事务所以，但他们要不是有会计师可以通制上市公司的期望，也是可以实现的，那是"慎记"的说法，不能这样来理解，这个同题，也不能这样来理解。它

注册会计师所在的事务所也是一个风险行业，它的收政绩他们的事务所在企业。它的主体。

要在会计市场的竞争中来生存、求发展，当然要考虑解决问题——效益问题，希望有一个公平和开行的竞争环境。目前在我们这个行业，由于人太多，竞争太激烈，有时就不得不

常勋指出，任意更换会计师事务所之类的行为，美国证交会及管理委员会(SEC)的新规则的表式，K—8中，改包括公司申报披露的会计信息是被经理层单独所造假使处理会计信息造假和失职违法处理的表式，这就对上市公司起到一个制约作用，而对行业自律组织的会计师协会，决策要加强注册会计师队伍的具体履行的监管，加强审计风险，决定接受委托与否的有关职业道德的具体履行为现状，纳会加速审计方的责任，如果事务所和注册会计师都愿竞争恶，不需自辩这一定程度上也可以通制上市公司的不诚信行为，我之所以叫明确合伙人要大会又变一次自辩吗？为此，我要严于法规条件各法定职责要则，而事务所的独立董事可否自辩"的主体。

认为"天下乌鸦一般黑"，这不实事求是，对鉴别会瘥治无益，对开展诚信教育也无益

常勋最后认为，对处理力度处处的挑选，他认为，对那些造还在违纪的上市监事及者策动值的政府所到至参与造假或董事长之例的政府府都人，加大法法进行惩处，才能使它们不得不有所顾忌。但必须严厉地想它的严惩不贷，将少数坏人曾处于历张其也是要些要惩处的重大案件，如做广厦管理层那样的不诚纪做违反和毒看中小股东利益者正在，对已有之应骗子的应这是要些严厉地处罚，对那案的政府部门，主动应该设机或行为上相应的政府府就任。

另一方面，奖罚应该并重，大多数的不诚信行为，是遏讲的，对未诚信行的敢比的好的，是遏讲的，对未诚信行为，应该好的比经经的比较好的，为应这个多门了"为心意面诚信教育才有基础，才有能使它们主动自他地与不诚信做斗争。现在，在宣传教育中有一种不区别对待只是认为"天下乌鸦一般黑"，那种行为只是实事求是，它对鉴别会瘥治无益，偏向这不实事求是，也对开展诚信教育也无益

· 就注册会计师行业"诚信危机"接受采访（2002 年）

天健会计师事务所集团第三届管委会第三次(扩大)会议

天健会计师事务所集团 2000年度合伙人大会暨专题研讨会 2000年12月

· 担任会计师事务所顾问期间合影①

‥ 担任会计师事务所顾问期间合影②

⋮ 担任会计师事务所顾问期间合影③

天健会计师事务所集团2004年经理培训班 2004.10.25

· 出席天健会计师事务所集团年会（2003年,博鳌）

·· 出席天健会计师事务所集团经理培训班（2004年10月，厦门国家会计学院）

· 视察事务所新办公场所（2010 年）

·· 出席第八次闽台会计师学术研讨会期间
（2015 年 1 月，福鼎太姥山）

· 与福建省注册会计师行业先驱
  杨贡淇先生在一起（80 年代）

·· 与杨贡淇先生在一起

· 在武夷山参加福建省注册会计师协会活动（90年代）

· 与时任财政部领导李勇先生（左）及朱祺珩先生在一起
（1999年11月）

· 与张为国教授及葛家澍教授在一起

·· 与王丽然女士（右二）等在一起（陈箭深主任陪同）

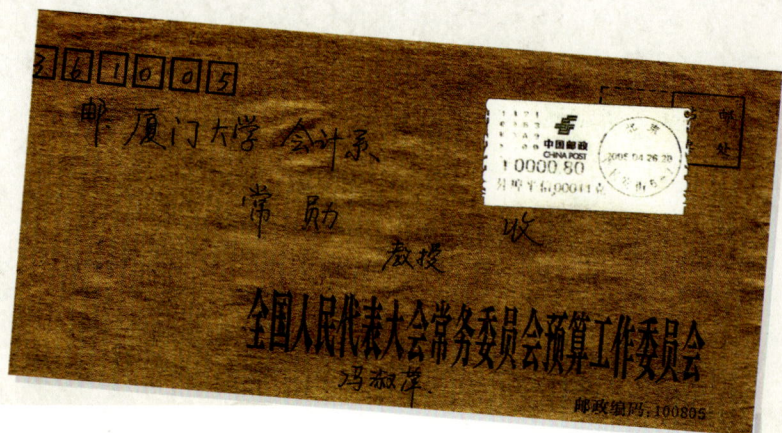

常老师：

　　您好！

　　小旺同志带来了您的大作，我一口气读完前言，心情非常激动，深受教育。正如文章所述，在我脑海里常老师的就是孜孜不倦的"卖力"工作的师长，没有怨言，不计较得失。

　　我在财政部工作的日子里，常常得到常老师的帮助，特别是国际会计准则的翻译工作。常老师严谨的工作作风，给我留下了深刻的印象。

　　我现在离开了会计工作岗位，但会计情结仍在。目前，正遇到国际会计变革浪潮，对我们来说，既是挑战又是机遇。如果抓住此次机会，会缩小我们与国际会计准则的距离。我愿像常老师那样，尽自己的努力为我国会计事业做些事情。

　　再次感谢您送给我精神食粮。"学长"实不敢当，倒是教师从专业到品德教我不少。真诚地希望继续得到您的教诲。

　　祝：身体健康，心情愉快！

学生：冯淑萍

2005 年 4 月 21 日

· 时任全国人大预算工委副主任委员冯淑萍女士给常勋教授的信函

· 与福大会计师事务所
主任侯文铿教授（右）、
厦门会计师事务所主
任金仲渔先生在一起
（80 年代）

·· 与陈涛先生在一起
（1995 年 12 月，三亚）

∴ 与陈小悦教授在一起
（1999 年 12 月，厦门）

· 和朱祺珩先生、陈建明先生在一起（2000年）

·· 与深圳中华会计师事务所主任刘金登先生在一起（2001年11月）

∶ 与独立审计准则起草小组部分成员在一起

· 与厦大会计师事务所副主任黄世忠在出差途中（1990年）

·· 与厦门天健华天会计师事务所首席合伙人陈箭深博士在一起（2015年1月，福鼎太姥山）

⋮ 与事务所资深合伙人姚立中先生在一起（2003年）

· 和厦大会计师事务所老同事在一起（2007年8月）

·· 师徒情深（后排左起刘维、熊建益、徐珊）

衷心感谢您一直以来对注册会计师行业和协会工作的关心和支持！祝您身体健康，万事如意！

联系人：中注协办公室副主任邹晖

联系电话：（010）88250072、13801201289

传真：（010）88250077

电子邮箱：cicpaoffice@cicpa.org.cn

联系地址：北京市海淀区西四环中路 16 号院 2 号楼

邮编：100039

2014 年 5 月 27 日

中 国 注 册 会 计 师 协 会

尊敬的常勋教授：

您好！

注册会计师行业恢复重建是我国改革开放中的重大事件，注册会计师行业发展为我国改革开放事业的顺利推进作出了巨大贡献。为了更好地总结注册会计师行业发展历史，弘扬老一辈会计人艰苦奋斗、开拓进取、敬业奉献的宝贵精神，挖掘行业文化内涵，展示行业形象和风采，凝聚和激发全行业投身注册会计师事业的热情，中注协正在筹建注册会计师行业史料展（永久展厅），并拟于 2014 年 12 月完成布展工作。

您作为注册会计师行业恢复重建的见证者和行业发展建设的开拓者，为我国注册会计师行业的发展作出了卓越贡献。现特向您征集有关的行业史料物品，包括但不限于您的著作、手稿、证书、照片，以及您留存的反映行业发展过程中重大事件或活动的图片、音像、文字和实物等资料。

您可以采取捐赠原件/原物、委托代管或同意复制等方式，也可以直接提供有关史料的复印件。您捐赠的所有史料物品，我会将作为馆藏物品进行登记，并在展出时注明来源。如果您同意捐赠，我们也可专程登门拜访。我们期望能于 6 月 20 日前得到您的回复。

· 中注协就征集行业史料物品致常勋教授的信函

常勋教授捐赠物件（原物）清单

序号	类别	内　　容	数量
1	著作	《注册会计师业务研讨》	1本
2	证件	注册会计师证书	1件
3	证件	资深会员证书	1件
4	证件	财政部《聘书》	1件
5	文件	财政部 "财协字(2000)23号"	4页
6	专访	"学术权威 人品楷模" 《中国注册会计》	4页
7	照片	在前厦门大学会计师事务所接待外宾	1张
8	照片	出席福建省注册会计师协会代表大会	1张
9	照片	担任中注协培训教学工作	1张
10	照片	出席全国高校会计师事务所研讨会	1张
11	照片	出席财政部独立审计准则中方专家组会议	1张
12	照片	与葛家澍教授、张为国先生等合影	1张
13	照片	与李勇先生、朱祺珩先生合影	1张
14	照片	与陈小悦先生合影	1张

· 常勋教授捐赠物件（原物）清单

·· 常勋教授在事务所办公

中国注册会计师协会

资深会员证书

常　勋　先生：

　　为表彰您对注册会计师行业发展做出的努力和贡献，特授予中国注册会计师协会资深会员（非执业）称号。

中国注册会计师协会

2010 年 11 月 15 日

证书编号：00193

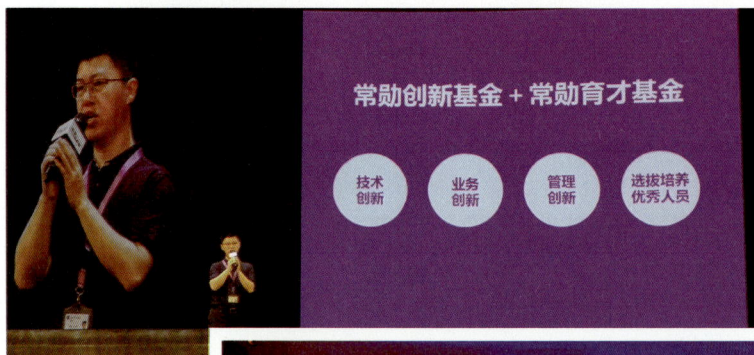

·"常勋创新基金"和"常勋育才基金"在原厦大会计师事务所成立 30 周年之际隆重启动（晚会现场）

··"常勋创新基金"和"常勋育才基金"在原厦大会计师事务所成立 30 周年之际隆重启动（宣讲现场）

∴"常勋创新基金"和"常勋育才基金"在原厦大会计师事务所成立 30 周年之际隆重启动（启动仪式）

70 岁时接下首任院长的担子

1993 年，常勋教授在 70 岁高龄时接下了厦门市政协倡办的民办华夏学院①首任校长的担子。常勋教授在他 2004 年 11 月出版的《会计创新及国际协调》一书的前言中写下感言："……但在 20 世纪 90 年代后期，就有些不得不服老了，但我却不自量力地去参与创办民办高校的工作，在当时相当严峻的政策和社会环境下历尽创业之艰辛，所幸得到省、市政府特别是后者的支持，依靠群体的努力，做成了一件有益于子孙后代的事，也给我带来了赞许和荣誉，然而却严重影响了我的研究工作，在前后四五年间，我几乎都封笔了。"

华夏学院在创办的第四年，即 1996 年 9 月，就成为福建省首批四所"实施高等教育学历文凭考试"试点民办高校之一。由于毕业生能够考取国家认可的学历文凭（之前的学历只能取得厦门地方认可），加之前几届毕业生在厦门的就业状况不错，1999 新学年的在校生已超千人。2001 年 3 月，厦门华夏职业学院获省政府批复，取得通过统一招生录取高职学生的资格，当年的在校生又翻了一番，达到近 2000 人。

常勋教授在 2000 年 4 月辞去了院长职务，2002 年 1 月正式卸任交接。

---

① "华夏学院"名称沿革：1993 年 6 月，经厦门市人民政府"厦府【1993】综 150 号"文批复，同意开办"私立厦门华夏大学"；2001 年 3 月，经福建省人民政府"闽政【2001】62 号"文批复，并向教育部备案，正式建校，更名为"厦门华夏职业学院"，纳入全国统一招生。

· 华厦职业学院曾经的曾厝垵校区，1997 年 12 月落成

· 艰辛起步——租借厦门嘉滨小学校舍办学（1993—1995 年）

·· 租用厦门一中"五三楼"办学（1995—1997 年）

'95年· 9月30日

· 争取生源（1994 年）

·· 国庆歌咏比赛（1995 年）

· 筹划新校区建设（1995 年）

·· 聘请的荣誉教授——厦大博士生导师邓子基教授（左）、葛家澍
教授（右）等来院指导工作（1995 年）

· 邀请荣誉教授葛家澍给1993级会计班学员讲学（1995年）

·· 邀请荣誉教授余绪缨莅临讲学（1995年）

::· 厦门一中"五三楼"前的教师合影（1996年）

· 首届毕业典礼（1996 年）

·· 私立厦门华厦大学首届毕业生留影

· 在曾厝垵校区与英国赫尔大学副校长哈里斯教授商谈合作办学（1997 年）

·· 商谈合作办学

民办厦门华厦学院教学综合大楼落成剪彩 97年12月27日

厦门市长洪永世等领导出席民办厦门华厦学院教学综合大楼落成庆典大会 97年12月27日

· 厦门华厦学院教学综合大楼落成剪彩（1997 年 12 月 27 日）

·· 时任厦门市市长洪永世等领导出席民办厦门华厦学院教学综合大楼落成庆典大会（1997 年 12 月 27 日）

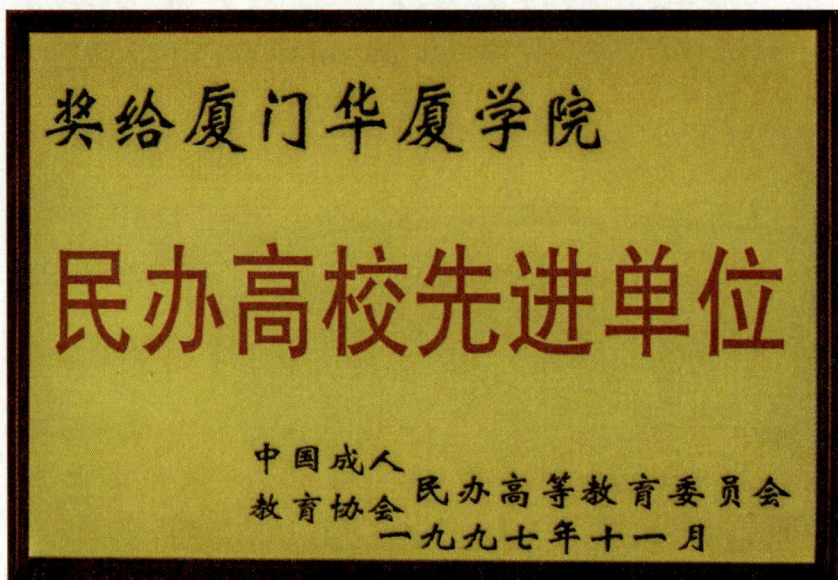

奖给厦门华厦学院

民办高校先进单位

中国成人
教育协会 民办高等教育委员会
一九九七年十一月

·· 厦门华厦学院被中国成人教育协会民办高等教育委员会评为
民办高校先进单位（1997 年 11 月）

·· 校务会（1998 年）

民办厦门华厦学院九八届毕业生 98.6.26

厦门华厦学院

曾厝垵校区迎来 1998 届毕业生（1998 年 6 月）

· 厦门华厦学院建校五周年庆祝大会（1998 年）

·· 厦门华厦学院建校五周年庆祝大会大合照（1998 年）

· 厦门华厦学院建院五周年庆典来宾（1998 年）

·· 厦门华厦学院校友会成立（1998 年）

华厦学院校友会成立与会校友留影 98.12.19

· 厦门华厦学院建校五周年，校友会成立，与会校友留影①
· 厦门华厦学院建校五周年，校友会成立，与会校友留影②

· 厦门华厦学院校友会理事会第一届理事留影（1998 年 12 月）

·· 厦门华厦学院教职工五周年校庆合影于新校区（1998 年 12 月）

华厦学院有感

骆核赞 书写于九八年教育

（一）

华厦建校五周年，
众志耕耘步步为。
省别祖庠迁新黉，
新如新事新校颜。

（二）

学风淬砺严为率，
民办为校名列勋。
艰年敬业结硕果，
委风尧李满校园。

注：南嘉平小学及第一中学祖庠办学九七年撤并因年被评为中国民人民办高校光进单位名列小剪平。

· 厦门华厦学院建院五周年社会人士赠诗祝贺（1998年）
·· 获民办高等教育创业奖（1998年）

授予 常 勋同志

民办高等教育

创 业 奖

中国成人
教育协会　民办高等教育委员会

一九九八年十月一日

常勋沈才中外闻
交导有方众人尊
世私奉就勤教业
满园蕊李尽芳芳

项现任华厦大学校长常勋先生

殷挺贺

写于一九九七年仲夏

七言其二

河常勋校长主办厦门华厦大学

主办华厦费心机
知难而进志不移
倾尽心血办实事
师表令堪己世私
育才淬砺严为率
既属公仆又为师
诚毅高标勤敬业
喜风蕊李花满枝

殷挺贺

写于丁丑正春月

七言一首

· 民办高等教育创业奖奖牌
  （1998 年）

·· 获创业奖后社会人士赠诗祝贺
  （1998 年）

· 时任全国人大教科文
　卫委主任朱开轩来学
　院视察（1999 年 4 月）

·· 筹集学院"名流图书
　基金"（1998 年）

··· 福建省教委领导及专
　家来院评估（2000 年）

■ 为筹集学院图书基金，首任院长常
　勋教授举办著作义卖活动

· 厦门华厦职业学院建院揭牌庆典（2001 年）

·· 出席华厦职业学院建院庆典（2001 年）

∶∶ 开设讲座（2001 年）

· 学院建院十周年庆典大会①（2003 年 12 月）

·· 学院建院十周年庆典大会②（2003 年 12 月）

忆艰辛创业
展百年宏图

祝我院成立十周年

常勋

2003年9月

· 在建院十周年庆典上被授予"华厦之星"（2003年12月）

· 建院10周年有感（2003年）

· 出席建院十周年庆典活动（2003 年 12 月）

·· 和学院副董事长柯雪琦女士一起参加建院十周年庆典活动
（2003 年 12 月）

· 与陈育伦副校长一起参加庆典活动（2003 年）

·· 与学院董事长蔡望怀先生（中）和第二任校长郑学檬教授（右）在一起（2003 年）

2013年5月厦门华厦学院首任校长常勋90大寿学校三任校长合影

与第二任校长郑学檬教授、时任校长王小如教授（左）合影（2013年5月）

1981 年加入民革

每逢有人提及他那段过山车般的人生经历，常勋教授总是平淡地面对，"想想整个国家遭受的'十年浩劫'，个人的这段经历真算不了什么"；"拨乱反正了就应该团结一致向前看"；"要紧的是把握好重新获得的机遇，别的都懒得去想了"。

常勋教授于 1981 年加入民革，1984 年当选民革福建省委会副主任委员，连任两届，退休后改任顾问；1988 年当选为民革第七届中央委员，连任至第八届。

1987 年被聘为厦门市第八届政协委员；1988 年被聘为福建省第六届政协委员。

1990 年当选为福建省第六届人民代表大会代表；1992 年被选为福建省第六届人民代表大会常务委员，连任至第七届。

常勋教授在上述任职期间积极参政议政，不仅敢于说真话，而且善于发表富有建设性的意见和建议，他的许多意见和建议被有关部门采用。

· 80年代初的民革厦大支
  部成员

·· 与民革老前辈李景禧、
  肖素彬夫妇在一起（80
  年代初）

编号 0000029

会 议 通 知

会通〔1988〕100 号

★

订于一九八八年九月十三日（星期二）上午九时，中共中央在人民大会堂东大厅召开民主协商会，请出席。

中共中央办公厅
一九八八年九月十一日

（凭此通知进北门）

—1—

中共中央统一战线工作部用笺

分 组 会 通 知

民主协商会分组讨论定于9月14日至17日上午九时至十一时半，在中央统战部（府右街135号）礼堂座谈。请凭此通知出席。

中央统战部办公厅
一九八八年九月十二日

第一组（民革、致公、台盟、台联、黄埔同学会、欧美同学会、台湾同学会，侨联 47人）

建议由贾亦斌 伍觉天 林盛中同志为召集人

屈 武	朱学范	钱昌照	郑洞国
贾亦斌	侯镜如	孙越崎	彭清源
李赣骝	邵恒秋	吴 京	沈求我
黄鼎臣	董寅初	伍觉天	伍 禅
许志猛	陆榕树	杨纪珂	
苏子蘅	林盛中	蔡子民	吴克泰
陈仲颐	吴国桢	潘渊静	
李纯青			
甘培根	常 勗	倪安民	边长泰
厉无畏	程志青	黄清渠	王宋大
郑励志	林文启		
郭平坦			
程 元			
鲜 恒			

谢莹莹
庄炎林
全国人大一人 王季德
国家计委一人
平杰三 郑洪溪 耿文卿

小组秘书：常荣军 张 明

小组会时间：9月14日至17日上午九时到十一时半

小组会场：中央统战部（府右街135号）礼堂14号会议室

· 出席中央统战部召开的民主协商会（1988年）

中共中央统一战线工作部用笺

厦门市委统战部：

　　国务院有关部门根据李鹏总理、姚依林副总理批示同意的我部《关于民主党派和政协的成员参加治理环境、整顿秩序检查工作的请示》的精神，决定请 常勋（厦门大学教授）　同志参加国务院组织的税收、财务、物价大检查工作组工作，地点是 广东省（省财政厅）

　　　　。请立即与该同志所在单位联系，予以大力支持，并将介绍信转交本人，按指定地点报到。差旅费由工作组报销。 尽快

1988 年 1 月 19 日

注：如本人不能参加，请将本通知连同介绍信一并退还中央统战部一局。

· 参加国务院组织的税务、财务、物价大检查广东工作组工作（1988 年）

· 参加广东工作组工作期间参观孙中山故居（1988 年，中山市）

·· 参加广东工作组工作期间参观孙中山故居纪念馆（1988 年，
中山市）

· 民革厦门市委会及工作班子成员（90年代）

· 与民革前辈邓子基教授在一起（90年代）

李岚清副总理视察厦门大学 一九九三年十一月二十七日

· 出席厦门大学重大活动（1993 年）

·· 参加人大《会计法》立法征求意见讨论（90 年代）

· 出席福建省人大常委会会议（1995 年）

· 参加福建省七届人大常委会法律读书班学习（1996 年）

·· 出席民革福建省第十次代表大会（1997 年 2 月）

· 受聘民革福建省委会顾问（1997年2月）

·· 出席民革福建省第十次代表大会老同志合影（1997年2月）

· 与民革福建省委会主
委王良溥（右）、民革
厦门市委会主委庄威
（左）在一起

·· 与民革厦门市委会副
主委国桂荣在大会上
（1997年2月）

∴ 出席福建省人大七届
三次会议期间（1999
年1月）

福建省人民政府

常勋教授:

您好!

来信收悉,非常感谢您对发展福建教育特别是民办教育事业的热切关注。信中所提出的意见和建议,我已交有关部门研处。

顺祝

身体健康,生活幸福!

一九九九年十二月十三日

· 1999年12月13日,时任福建省委副书记习近平给常勋教授的回信

·· 民革福建省委会关于在全省民革党员中开展向常勋同志学习活动的决定(2000年2月)

关于在全省民革党员中开展向常勋同志学习活动的决定

常勋同志 1981 年 1 月加入民革,曾任厦门大学经济学院会计系国际会计教研室主任、教授,厦门大学会计师事务所主任会计师,福建省注册会计师协会常务理事、副会长,中国成本研究会理事、常务理事等职,历任民革厦门大学支部主委、民革福建省委副主委、顾问、民革中央委员、福建省人大代表、常务委员、福建省政协委员等职,现任厦门市政协委员、厦门中华职教社主任、厦门华厦学院校长,全国民办高等教育委员会常委、中国注册会计师独立审计准则中文专家咨询组成员、国际会计准则中文翻译审核专家组成员和中国注册会计师后续教育丛书编审委会委员等职。

在极左路线影响下,常勋同志历尽坎坷,直至 1979 年他的冤案才得到彻底平反。1980 年恢复名誉重新走上大学讲坛时,常勋同志已经五十六岁。他遵照邓小平同志"团结一致向前看"的指示精神,将个人得失置之度外,发愤工作,承担了繁重的教学科研任务,先后出版了 23 部专著和译著、发表了 41 篇论文和译文,多次获得国家部、委优秀教材奖或优秀研究成果奖。他连续获得福建省五一劳动奖章、省先进教育工作者、全国优秀教学成果省级一等奖等嘉奖与荣誉,获得国务院对有杰出贡献专家的终身津贴,他为厦门特区培养了众多的涉外会计人才,成为我国率先招收国际会计硕士研究生的导师。

1993 年,70 岁的常勋同志受厦门市政协委托,担任厦门华厦学院校长,在一无校舍,二无资产,三无资金的情况下,常勋同志带领全校师生艰苦奋斗,经过六年的努力,使厦门华厦学院初具规模,被中国成人教育协会民办高等教育委员会评为全国民办高校先进单位。在任校长期间,常勋同志将其工资连本带息 10 万元以及义卖自己封笔之作《财务会计三大难题》所得款 55 万元一并捐献给华厦学院作为"名流图书基金"。

常勋同志身为一名民革党员,在做好本职工作的同时,积极参政议政。他不但敢于说真话,而且善于发表富有建设性的意见和建议,并被有关部门采用。

常勋同志是民革的好党员,他的先进事迹受到民革党员和社会各界的赞扬。为深入学习贯彻落实中共十五大精神,引导全省民革党员为实现科教兴省的战略决策献计出力,经省委会九届第十八次主委会议决定在全省民革党员中开展学习常勋同志的活动:

一、全省各级民革组织要认真组织所属民革党员学习常勋同志的先进事迹,学习他坚持中国共产党的领(下转第三版)

省委会召开座谈会
坚决拥护《一个中国的原则与台湾问题》白皮书的发表

2 月 21 日我国务院台办和新闻办联合发表了《一个中国的原则与台湾问题》白皮书,进一步向国际社会阐明了我国政府坚持一个中国的原则,并充分表达了中国行坚决的斗争。

民革福建省委会宣传处编 2000 年 2 月 25 日 第一百一十二期

福建民革 FUJIAN MIN GE

· 参观民革全国先进表彰
  大会事迹展览（2000 年
  11 月）

·· 出席民革全国先进集体
  及个人表彰大会期间
  （2000 年 11 月）

证 书

常　勋　同志：

你被评为中国国民党革命委员会全国
先进个人，特发此证，以资鼓励。

民革中央
二〇〇〇年十一月

· 获奖证书

·· 出席福州中山纪念堂开馆典礼（2002 年 6 月）

厦门中华职业教育社第二次社员代表大会

厦门中华职业教育社第二次社员代表大会 2003.3.16

· 担任厦门中华职教社首任主任，2003年改任名誉主任

聘 书

兹聘请 常 勋 同志为厦门中华职业教育社第二届社务委员会名誉主任。

厦门中华职业教育社
二〇〇三年三月十六日

荣誉证书

常 勋 同志：

在纪念民革福建省委会成立五十周年之际，您荣获"福建省民革具有突出贡献的党员"称号，特发证书，予以表彰。

民革福建省委员会
二〇〇四年十二月

聘 书

兹聘常勋同志为福建中华职业教育社建言献策委员会副主任委员。

福建中华职业教育社
2005 年 6 月 17 日

- 厦门中华职业教育社第二届社务委员会名誉主任聘书（2003 年）
- 获"福建省民革具有突出贡献的党员"荣誉称号（2004 年）
- 福建省职教社建言献策委员会副主委聘书（2005 年）

· 与民革厦门市第十一届委员会成员合影（2007 年）

·· 秦友莲记者的第一次采访报道（《团结报》2000 年 4 月 18 日）

本期策划

本期策划

矢志不渝跟党走

——再访常勋教授

■秦友莲

10年前曾经采访过常勋教授，留给我印象最深的一句话是"团结一致向前看"，他告诉我这是邓小平同志说的，正因为有了这句话，才有了中国的伟大复兴。

再次采访常勋教授，他已经87岁，曾任省人大常委、省政协委员、民革福建省委副主委、厦门华厦学院院长以及中国独立审计准则中方专家咨询组成员等十多种令人仰慕的职务。难以想象的是，这些职务都是在他56岁以后担任的。此前，他一直戴着"美蒋双料特务"的历史反革命帽子，在拨乱反正的一个春夜里度过了17年。

1924年5月，常勋出生于江苏常州。1948年1月，从上海圣约翰大学经济系毕业后留校当了助教，因为出色的英文水平，他同时兼任美国合众社上海分社的记者。解放后，他先后在山东财经学院会计系和厦门大学经济系任教。1959年在反右扩大化的影响下，他以"历史反革命"罪被判了六年半的刑期，刑满后，他本可以回到厦门，但厦门是他的家，在极左思潮下，怎么能让一个双料特务回到海防前线呢？于是，常勋作为劳改刑满留队人员，留在农队伍里工作，每月发给30元生活费。

1975年3月，第四届全国人大常委会第二次会议通过了周恩来根据毛泽东指示提出的关于特赦全部在押的国民党县团级以上军政特务人员，释放全部在押的国民党县团级以上军政特务人员，释放全部在押的国民党县团级以上军政特务人员，释放全部在押的国民党县团级以上军政特务人员，释放全部在押人员的建议。秋天，我国政府接着又颁布了建国以来最后一道特赦令，释放全部在押的国民党县团级以上军政特务人员，释放全部在押人员前所在单位。1976年常勋回到了厦门经济系。

就在他等候工作安排的时候，学校里为他发生了一场激烈的，所以按政策应该回到经济系，但暂时补不上计划内，先在系资料室工作。在系党委的坚持下，常勋定岗于资料室。

勇气和胸怀

这个消息如春风般吹进了常勋的心中，生活重开始充满阳光。他终于的第一个工作就是给助厦来的主编陈可琨编辑《经济资料译丛》。凭借着他的英语功底和专业知识，他出色地完成了许多翻译工作。在市劳动局领导的关心下，他的工资由原来的少了，依然精神矍铄。我告诉他此次采访的意图，并说可能会触及他的伤痛，可常老却爽朗地笑了，说没有什么不好谈的，因为当你把个人的命运和祖国的命运连在一起时，一切都可以释然。他要感谢改革开放，感谢邓小平同志。是党的"拨乱反正"政策，纠正了以往工作中的失误和冤案。一种意见认为常勋虽然被特赦，但还戴着历史反革命的帽子，所以不宜给他做个工作，应该下放到经济系下属工厂当会计。另一种意见认为应给他的问题在肃反时候就已经作出结论，是反右扩大化时被错误地戴上了"历史反革命"的帽子，因此属于平反对象，应尽快提出申诉"，一席话说动了常勋。他立即向有关部门打了报告，提出平反申请。常勋的问题很快得到受理。

1980年，在各有关部门的关心下，历时20余年的历史错案终于得到彻底的平反，常勋恢复了讲师待遇，重返教学讲坛。6年后，又升为教授。

1980年，也就是常勋获得平反的那一年，全国有290万人得到了反昭雪，没有立案审查而面得到平反的人数更远达290万还要惊人的数字虽然无情地暴露出过去所犯的错误，但同时也有力地证明中国共产党有着认清错误的勇气和改正错误的能力。这是一种具有伟大气魄的英勇之举，这种冤假错案的举动，不仅拯救了成千上万人的政治生命，而且避免了我们的党像苏联和东欧各国共产党那样的命运，保持了中国共产党的先进性。

信任里的感动

常勋曾经不幸过，但他又是幸运的，因为毕竟赶上了改革开放的好年代。他坦诚地说："没有乱反正，我决不可能重返本职岗位。就在访问快要结束时，常勋抱着深深的感恩之心。

1993年，他70岁的时候又一次被委以重任——主政厦门华厦学院。这是一所由厦门市政协策划和创建的民办大学，没有资金，没有校舍，没有师资，只有一张蓝图。常勋两一次以岁月为起点，风尘仆仆的上任了。经过5年的努力，学校从只有30万元的启动费到现在拥有5848.9万元净资产，8个专业，教学面积为7343平方米的民办优秀高等学府。75岁高龄的常勋在此时写下具有意义的封笔之作《财务会计三大难题》，并将此书所得，连同他任校长长期间的工资共65万元全部捐献给华厦学院作为图书基金。

从常勋同志身上我们看到了

没有时间想过去

重新走上工作岗位的常勋说："我没有时间想过去。与国家的损失相比，个人恩怨又算什么呢，我要把握住这个机遇，创造出一种辉煌的晚年。"

利用在资料室工作的时间，常勋博览群书，专心研究了西方会计学发展的进程和规律，抢先占领了国际会计专业的制高点，成为我国率先招收国际会计硕士研究生的导师之一。他以23部专著和译著，41篇论文和译文捍卫了国内外的同仁，成为我国出席1987年第六次国际会计会议的5位专家之一，并成为亚太地区会计学术研讨会1991年会中国执行主席。常勋编辑的《会计专业英语》已经出版二十余年了，现每年都要再版一万多册，常教授开卷心地说，"我每年都收到这本书的盗版税"。他缔造了中国会计师事业的辉煌，于1988年以他为主创建了厦门大学会计师事务所，经过10年辛勤的耕耘，会计师事务所从年收入30余万元发展到年收入1500余万元，并根据

邓小平同志提出的"拨乱反正"工作带来的辉煌：看到了各阶层人民对中国共产党的理解和信任。团结一致向前看，这是我们事业发展的永远动力。2002年，民革福建省委开展了向常勋同志学习的活动，号召全体民革党员以常勋同志为榜样，坚定中国共产党党员的多党合作信念，在各自岗位上为中华民族的伟大复兴建功立业。

· 秦友莲记者的第二次采访报道（《政协天地》2011年第7期）

两度被学生评选为"最优秀教师"

"他的资历那么深，却从不颐指气使，对待年轻人他总是那么宽容、厚爱，在公开场合对有才华的学生表示赞赏，说他们比自己强。他的谦虚美德有口皆碑。我们在采访中听到他的同事和学生们的话都是由衷的、发自内心的，他是人们心目中的权威。社会上有的权威是因为有了权才有威，而常勋教授的'权威'是凭着自己治学严谨、为人师表的一言一行被认可的。而这样的权威才是恒久的。"《中国注册会计师》记者1999 年采访稿《学术权威　为人楷模》中的这段文字，真实地反映了常勋的为人。

学生们对自己的恩师更是关爱有加，只要是来厦门出差，或回母校相聚，或归国探亲，他们都会专程来探望常老师；新婚照、全家福，忘不了给常老师寄来一张；来厦门度假总要带孩子先拜访师爷、师奶；每逢节庆日，家里总摆满祝贺的鲜花；连常老师的生日寿辰庆贺也总是由学生、弟子张罗……

这般的师生情谊，必是天长地久，永远留在后人心中。

· 与石油部外事财务学习班
　的学员在一起①（1982 年）

·· 与石油部外事财务学习班
　的学员在一起②（1982 年）

· 与石油部外事财务学
习班的学员在一起③
（1982 年）

·· 与石油部外事财务学
习班的学员在一起④
（1982 年）

∵ 石油部外事财务学
习班学员返校来访
（1988 年 8 月于厦大
国光三）

· 与短训班学员合影
（1989 年 1 月）

·· 学生返校来访（1990
年 5 月）

· 70 岁寿辰庆寿宴①（1993 年 7 月 9 日,农历五月二十日）

·· 70 岁寿辰庆寿宴②（1993 年 7 月 9 日,农历五月二十日）

历尽坎坷路 晚年铸辉煌

——记著名会计学家常勋教授

厦门 陈箭深

常勋先生是我国知名的老一辈会计学家,是我国开拓国际会计教学和研究工作的先驱者之一。现在已经75岁高龄了,仍在为我国的高等教育事业和注册会计师事业尽心尽力工作着。

常勋先生,1924年5月出生于江苏省常州市。1948年1月毕业于上海圣约翰大学经济系,毕业后留校任助教。在大学肄业期间至解放前,曾兼任新闻编辑和翻译工作多年。1952年调山东财经学院会计系任教员,1953年又调厦门大学任讲师。1958年因左倾路线迫害被迫离校,至1976年才重返厦门大学,在经济学院资料室任《经济资料译丛》的专职翻译和编辑。1980年,他的历史冤案得到彻底平反并重返讲坛,后历任厦门大学经济学院会计系国际会计教研室主任、讲师、副教授、教授。1988年至1998年,担任厦门大学会计师事务所主任会计师。他还历任民革第七届、第八届中央委员,民革福建省委第八届、第九届副主委、第十届顾问,福建省第八届人大常委,福建省第六届政协委员,福建省注册会计师协会第一届常务理事,第二届副会长,第三届顾问等职,并任中国成本研究会第二届理事,第三届、第四届常务理事至今。

夺回损失的21年大好年华

常勋先生半生坎坷,遭受21年多的不公正待遇。问到他平反后重返讲坛的感想,他坦诚地说:"没有拨乱反正,我决不可能重返大学讲坛,我要把握住这个机遇,创造一个辉煌的晚年。"正是这样,在重新执教的20年中,他顺应改革开放的需要,发挥了自己的聪明才智,日以继夜地忘我工作,不仅承担了繁重的教学任务,而且编著和翻译了大量的教材和专著。他是我国率先招收国际会计研究方向硕士研究生的导师。除本校的教学任务外,还为我国海洋石油系统、外贸系统、厦门经济特区培训了数千名涉外会计人才;为国家教委委托厦门大学举办的全国高校会计助教进修班以及世界银行资助的全国高校会计和国际税务师资培训班授课,培养了一批能胜任涉外会计和国际会计教学任务的中青年师资。

50年代,常勋先生在成本会计方面已享有一定声誉。1980年重返讲坛后,仍从事成本会计和管理会计方面的教学和研究工作。他在1981年至1985年间发表的《论折旧模式》、《论成本计算模式的改革》、《论企业内部的责任中心》等论文,在当时都被认为是具有创新意义的佳作。自1982年起,由于我国海洋石油勘探开发率先对外开放和厦门经济特区发展的迫切人才需求,厦门大学接受了举办涉外会计高级培训班的任务,常勋先生服从需要,勇担重任,一人担任了这些培训班和会计系本科生的会计专业英语、西方财务会计、西方成本会计、中外合资经营企业会计等多门课程的教学任务,每周授课多达18小时左右。并且为教学需要先后组织编写了《会计专业英语》(1984年初版)、《西方财务会计》(1984年初版)、《中外合资经营企业会计》(1986年初版)、《外商投资企业会计》(1991年初版)等在全国颇具影响的教科书。他也是中央广播电视大学首批主讲教师之一,他讲授西方财务会计的录像,在当时香港中资企业的业余培训中被广泛采用,以至常勋先生在80年代多次去香港访问讲学时,遇见了不少从未见过面的学生。他主编的《中外合资经营企业会计》以及在此基础上重编的《外商投资企业会计与财务管理》和《外商投资企业会计》等书,在香港和台湾地区更具有广泛的影响。当时,与港台地区的文化学术交流尚在启动阶段,上述各专书就被批准为可以外销的对外交流书刊,在港台的书店都能买到!

80年代中期,常勋先生的教学和科研工作主要转向国际会计。1988年以他为主组织翻译的《国际会计》(乔伊、米勒合著)一书出版;1990年,他主编的《国际会计》问世;1996年他又根据国际会计的新发展,重新编写了《国际会计》一书。常勋先生在著述过程中,尽可能搜集代表最新发展动向的资料,广征博引,融会贯通,并处处注入他的精辟见解;他能做到要言不烦,深入浅出;既保持严谨的逻辑体系,又注意配合必要的例证;使读者易于掌握和理解。我想,这正是常勋先生的著作深受读者欢迎的原因。

常勋先生不愧为我国开拓国际会计教学和研究的先驱者之一。他是厦门大学受国家教委委托,利用世界银行贷款举办的全国高校国际会计和国际税务师资培训班领导小组的成员,亲自担任了三门主课的教学工

· 陈箭深博士记述常勋教授的文章刊载于《财会月刊》1999年10月号

· 弟子陈箭深博士陪同常老师出席闽台会计师研讨会期间
  （1996 年 11 月，武夷山）

·· 厦大 1978 级会计班同学返校（90 年代）

· 走上工作岗位后的
华厦学院毕业生前
来探望老校长①
（1997年春节）

·· 走上工作岗位后的
华厦学院毕业生前
来探望老校长②
（1997年春节）

· 与厦大管理学院
  1996 级硕士研究生
  合影（1998 年 6 月）

· 与 1999 级硕士研究
  生合影（2000 年 4 月）

:· 毕业生邮寄来的合影
  照片

· 研讨会上的合影（2003 年）

· 相聚于厦大校园（左起陈佳俊、余恕莲、常老师、张明明、胡奕明、周孔扨，2004 年 7 月）

厦门大学54届工业会计系同学毕业50周年合影留念

2004. 10. 26　于厦门大学

· 出席 1954 届工业会计系同学毕业 50 周年庆典活动（2004 年 10 月）

· 参加恢复高考30周年纪念活动的叶蕙同学与常老师合影（2007年）

·· 参加纪念活动的刘义传同学与常老师合影

∷ 参加纪念活动的张仕源（左）、林良琦同学与常老师合影

· 厦大会计系 1985 级硕士研究生返校特地前来探访（左起岳方、林丹丹、张晓然、苏锡嘉、葛方雯、国桂荣，2008 年夏）

·· 余恕莲、林湜（中）、赵锦爱（右）一起探望常老师（2012 年夏）

A Birthday Wish

Eno Greeting

敬爱的常老师：

　　每次去看望您，您都是那么亲切随和地与我们交谈，我们深深地被您的大师风范所打动。您身体健康是对学生们最大的欣慰，值此新年到来之际，我们心怀感恩之情，向您送上我们最诚挚的祝福，祝您，

　　健康快乐！
　　阖家欢乐！
　　万事大吉！

陈少华携弟子：　曲晓辉携弟子：罗劲博 习健、黄燕华、
陈燕、李盈璇、刘青、王海容　　　　　张瑞丽、卢煜
黄璎、冯晓冬、卢青　　　　　　　　　陈林、毕硕
　　　　　　　肖旺携弟子：肖明考、陈翔林、李少研

　　　　　　　　　　　　　敬 上

爱心♡小贴士：
　　红掌喜暖怕暑畏寒 喜湿恨旱 喜阴忌晒
是非常适合厦门天气的植物哟！
每3-5天浇一次水即可 ♪♪
希望它在您的呵护下茁壮成长 ～～

· 学生看望常老师，送来的新年贺卡

· 前来祝贺常老师 90 寿辰的厦大校友（2013 年 5 月）

·· 厦大管理学院会计系及会计发展研究中心领导慰问常老师（2015 年春节）

厦门大学经济学院会计系国际会计班毕业纪念 一九八五年二月

· 厦大"国际会计班"同学与常勋老师 30 年的不解之缘

· 相聚厦门鹭江宾馆（80 年代）

·· 出席"国际会计班"同学毕业十周年纪念活动（1995 年 9 月）

· 2010 年"五一"节
　探望常老师①

·· 2010 年"五一"节
　探望常老师②

∴ 2010 年"五一"节
　探望常老师③

厦门大学经济学院会计系国际会计班毕业25周年师生留影

2010.10.6 厦门

· 出席"国际会计班"同学毕业 25 周年庆典活动（2010 年 10 月）

· 2012 年国庆假期相聚在常老师珍珠湾花园家中

·· 2013 年春节探望常老师

· 2014 年春节前夕探望常老师

·· 2014 年 1 月 31 日大年初一合影

"国际会计班"同学相聚庆祝毕业 30 周年，专程到常老师家中探望（2015 年 5 月）

· 2015 年 3 月 5 日元宵节摄于常老师珍珠湾花园家中

·· 2016 年 7 月 26 日摄于常老师珍珠湾花园家中①

∴ 2016 年 7 月 26 日摄于常老师珍珠湾花园家中②

- 常老师与国际会计硕士研究生在厦门曾厝垵海滨野餐（1990年5月）
- 常老师与国际会计硕士研究生在厦门胡里山炮台（1990年5月）
- 学生与师母在厦大校园合影（90年代）

· 在深圳工作的冯秋英（前左）、张文（前右）、徐金洲（后左）、
林开桦到酒店探望常老师（1992 年）

·· 看望常老师（左一为方荣义，2000 年 3 月）

· 弟子林开桦夫妇探望常老师（1993 年
9 月摄于厦大敬贤七家中）

∵ 林开桦寄给常老师的结婚照（1994 年
春节）

∷ 林开桦夫妇探望常老师（1997 年春节）

· 相聚深圳（2000 年 10 月）

·· 相聚在深圳仙湖植物公园（2001 年 11 月）

· 张文同学 2004 年暑假携女儿探望常老师

·· 相会于厦大 85 周年校庆（2006 年 5 月 3 日）

∴ 欢聚在珍珠湾花园家中（2006 年 5 月 3 日）

· 余恕莲教授探望常老师（2002 年
12 月摄于北京饭店）

·· 余恕莲教授与师母合影（2004 年
摄于海滨东区家中）

··· 余恕莲教授探望常老师（2012 年
7 月摄于珍珠湾花园家中）

· 弟子方荣义一家看望常老师（2010年3月2日）

·· 弟子方荣义携儿子看望常老师（2011年3月20日）

∷ 弟子方荣义看望常老师（2012年3月25日）

· 叶薏同学一家的问候（1990 年春）

·· 葛方雯同学回国探亲来访（90 年代）

· 谢琳琳一家送来的圣诞祝福（2000 年）
·· 张丽、德铭一家子来自美国的祝福（2000 年）

· 张明明教授探望常老师
（2004 年摄于厦大海滨东
区家中）

·· 张明明教授探望常老师
（2007 年摄于珍珠湾花园
家中）

· 方荣义夫妇与林志军教授（右一）一起探望常老师（2013 年 3 月）

·· 刘峰、庄世虹（左二）陪同葛方雯夫妇一起探望常老师（2014 年夏天）

85 岁寿辰庆典

2008 年 6 月 21 日，厦门天健华天会计师事务所①以及常勋教授的弟子们在厦门悦华酒店为常勋教授举办了 85 寿辰庆典活动。此次活动收到了财政部会计司及中国会计学会、中注协、相关院校等单位和个人发来的贺信，寿宴前还特地安排了座谈会。此次活动让年初刚失去夫人的常勋教授得到极大的慰藉。

在此要特别感谢厦大国际会计班陈逸同学拍下的这组照片。

---

① "厦门天健华天会计师事务所"系由原厦门大学会计师事务所脱钩改制后的"厦门天健会计师事务所"和由原厦门会计师事务所脱钩改制后的"厦门华天会计师事务所"合并设立。

·85 岁寿辰庆典留影（2008 年）

· 座谈会现场

· 座谈会现场

·· 事务所资深合伙人姚立中先生主持座谈会

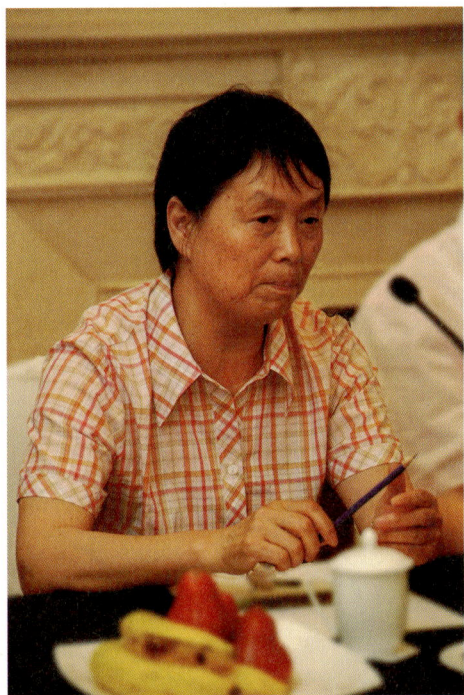

· 弟子陈箭深博士宣读致常老师的贺信

∵ 弟子余恕莲教授即席发言

∷ 厦大会计发展研究中心主任曲晓辉教授即席发言

· 弟子方荣义博士即席发言

·· 弟子冯秋英女士即席发言

∴ 弟子林开桦先生即席发言

· 厦大国际会计班陈娟娟同学即席发言
·· 厦大国际会计班郑珑同学即席发言

· 事务所合伙人陈纹即席发言
·· 事务所合伙人常煊即席发言

· 常老师在座谈会上
·· 常老师在座谈会上发言

· 85岁寿辰寿宴

·· 黄世忠教授致辞

· 弟子陈箭深博士代表事务所致辞

·· 时任厦大管理学院副院长庄明来教授代表厦大会计系赠生日贺礼

· 黄世忠教授代表众弟子赠生日贺礼

·· 厦大国际会计班同学赠生日贺礼

· 会计师事务所赠生日贺礼

·· 向常老师献花

· 85 岁寿辰庆典①

·· 85 岁寿辰庆典②

·: 85 岁寿辰庆典③

· 寿辰蛋糕

·· 常老师在寿宴上讲话

财政部会计司、中国会计学会贺信

尊敬的常勋先生：

值此先生八十五岁华诞，财政部会计司、中国会计学会谨向您致以热烈的祝贺和诚挚的问候！

作为我国著名的老一辈会计学家、教育家，先生治学严谨，笔耕不辍，著作等身，极大地推动了会计学理论尤其是国际会计学科的发展；先生执教醇笃，诲人不倦，桃李满天下，承担了厦门大学繁重的教学任务并以古稀之年亲自创办厦门华夏职业学院，为我国经济建设和社会发展培养了大批优秀人才。

作为我国注册会计师事业的开拓者，先生不仅创办了厦门大学会计师事务所（即厦门天健的前身），还非常关心和支持注册会计师行业建设，担任中国注册会计师独立审计准则中方专家组组长，为独立审计准则等行业规范的制定作出了重大贡献；先生也是贯彻执行注册会计师行业规范的典范，先生不计个人得失，推动您创办的厦门大学会计师事务所脱钩改制，并实现了管理层新老交替和业务活动规范运作。

先生还是当之无愧的社会活动家，利用自己的专业优势，积极参政议政，把会计理论研究、会计人才培养、注册会计师行业建设与国家经济社会发展有机地结合起来，促使会计在经济社会发展中发挥更大的作用。

山如仁者寿，风似圣之清。先生曾历经坎坷而矢志不渝，学贯中西而虚怀若谷，德高望重而淡泊名利，岁至耄耋而奋斗不止，为后生晚学之楷模。我们由衷地感谢您为我国会计事业作出的重要贡献！

恭祝先生宝掌千年，福寿绵长！

财政部会计司　中国会计学会

二〇〇八年六月二十三日

· 财政部会计司、中国会计学会贺信

中国注册会计师协会贺信

尊敬的常勋教授：

在您即将迎来八十五年诞之际，我们中国注册会计师协会，并代表注册会计师界同仁向您表示最诚挚的祝贺和良好的祝愿。

您作为我国著名的会计审计学家、教育家，造诣精湛，长于实践，历经坎坷而矢志不渝，阅尽沧桑却永葆赤心，心系会计教学研究和实务，为我国注册会计师发展做出重要贡献。

仁者寿。我们衷心祝愿您健康长寿，生活幸福，阖家欢乐，万事如意。

中国注册会计师协会
二〇〇八年六月二十日

福建省注册会计师协会贺信

常勋教授：

欣悉您八十五岁寿辰大庆，我会全体同志表示热烈祝贺，特致贺信！

您是我国知名的老一辈会计学家，是我国国际会计教学和研究工作的开拓者之一，也是我国知名的注册会计师。您德高望重，著作等身，为我国的会计事业发展做出了重要贡献。

恭祝您健康长寿，并继续为我国会计学术发展发挥余热、做出更大贡献！

福建省注册会计师协会
二〇〇八年六月二十日

· 中国注册会计师协会贺信
·· 福建省注册会计师协会贺信

中国人民大学会计系贺信

尊敬的常勋教授：您好！

在喜迎您老人家 85 华诞之际，我谨代表中国人民大学会计系全体师生并以我个人的名义向您表示热烈的祝贺。您是我国德高望重的会计理论家和实践家，您为我国会计事业的发展做出了杰出贡献。借此机会我们衷心感谢您对中国人民大学会计学科建设的长期支持和帮助，并祝愿您健康长寿！

中国人民大学会计系

戴德明

2008 年 6 月 19 日

清华大学会计系贺信

值常老先生 85 寿辰之际，清华大学会计系对常老先生长期以来对清华大学会计学科无私的支持和鼓励深表感谢！

祝常老福如东海，寿比南山！

清华大学会计系

陈晓

2008 年 6 月 19 日

· 中国人民大学会计系贺信

·· 清华大学会计系贺信

中央财经大学会计学院贺信

敬爱的常勋先生：

在您 85 寿辰之际，我代表中央财经大学会计学院的全体师生向常老表示热烈的祝贺，并祝愿常勋教授健康长寿！

中央财经大学会计学院
孟焰
2008 年 6 月 19 日

李爽教授贺信

尊敬的常老师，

您好。在您八十五周岁寿辰之际，向您表示祝贺，对您在推动我国会计理论（特别是国际会计研究）和我国注册会计师行业发展过程中做出的重大贡献表示由衷的敬意。祝您健康长寿！

中央财经大学
李爽携学生吴溪 恭贺
2008 年 6 月 19 日

· 中央财经大学会计学院贺信
·· 李爽教授贺信

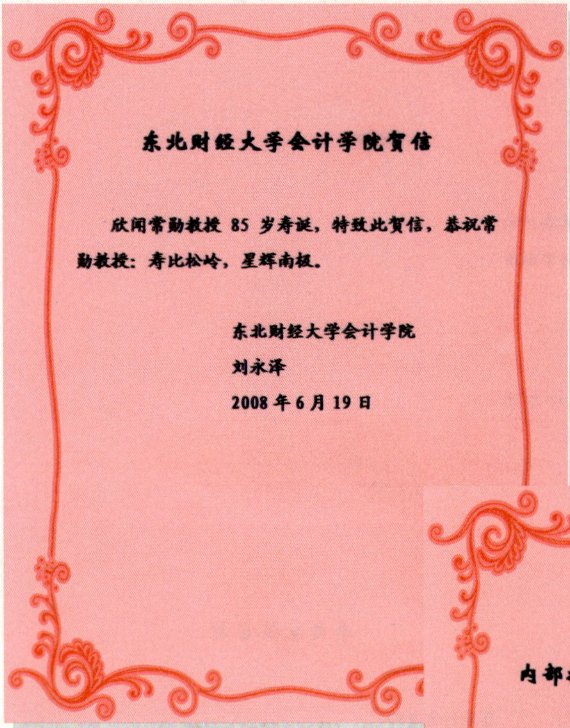

东北财经大学会计学院贺信

欣闻常勋教授 85 岁寿诞，特致此贺信，恭祝常勋教授：寿比松岭，星辉南极。

东北财经大学会计学院
刘永泽
2008 年 6 月 19 日

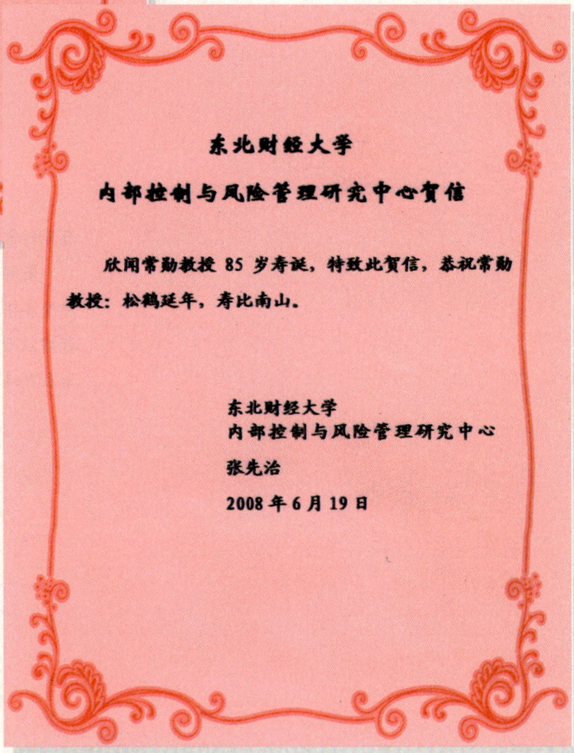

**东北财经大学
内部控制与风险管理研究中心贺信**

欣闻常勋教授 85 岁寿诞，特致此贺信，恭祝常勋教授：松鹤延年，寿比南山。

东北财经大学
内部控制与风险管理研究中心
张先治
2008 年 6 月 19 日

· 东北财经大学会计学院贺信
·· 东北财经大学内部控制与风险管理研究中心贺信

中南财经政法大学会计学院贺信

尊敬的常勋教授:

　　欣悉您85岁寿辰, 特致电祝贺, 以表达中南财经政法大学会计学院全体师生对您在中国会计理论与实务发展中所作出的巨大贡献, 以及您在国际会计领域的卓越成就表示最衷心的钦佩和敬仰, 并祝您福如东海, 寿比南山!

中南财经政法大学会计学院贺
二〇〇八年六月二十日

西南财经大学会计学院贺信

常勋教授:

　　在您85周岁来临之际, 特向您表示生日的祝贺!

　　在您50多年从教的生涯中, 为国家培养了许多的优秀人才, 为我们晚辈树立了光辉的典范, 在此祝您身体健康, 生日快乐!

西南财经大学会计学院院长
彭韶兵
2008年6月20日

· 中南财经政法大学会计学院贺信
·· 西南财经大学会计学院贺信

上海国家会计学院
谢荣教授贺信

尊敬的常勋教授：

在欢庆您老 85 华诞之际，学生全家恭祝您老人家生日快乐、身体健康、万事如意！

您老过去是、现在是、今后也永远是学生学习的榜样！

学生：谢荣 敬贺
2008 年 6 月 20 日

西南财经大学蔡春教授贺信

尊敬的常勋教授：

欣闻您老八十五岁大寿，学生倍感高兴和振奋。您老在推动中国会计发展方面的榜样力量 和不懈努力的人生追求精神必将激励我们不断进步、永远向前！

衷心祝愿您老：

身体安康　万寿无疆
生日快乐　永远快乐

西南财经大学　蔡春
2008 年 6 月 20 日

· 上海国家会计学院谢荣教授贺信
· 西南财经大学蔡春教授贺信

对外经济贸易大学国际商学院贺信

常勋教授:

值此常勋教授 85 周年华诞之际，我们对常勋教授和厦门大学会计系表示热烈祝贺!

作为中国会计界的泰斗，常勋教授数十年来辛勤耕耘，为中国会计界培育了大批精英。尤其让会计界同仁景仰的是，常勋教授以博大的胸怀影响和激励着一代又一大的会计学人。

多年来，常勋教授和厦门大学会计系对我们对外经济贸易大学会计学科的建设给予了多方面的关心、帮助和支持。我们愿借此机会，对常勋教授和厦门大学会计系对我们的长期支持表示衷心感谢!

祝常勋教授健康长寿!

祝愿厦门大学会计学科在引领中国会计走向世界的进程中发挥更大作用!

对外经济贸易大学国际商学院

院　　长：张新民

会计系主任：汤谷良

2008 年 6 月 20 日

· 对外经济贸易大学国际商学院贺信

北京国家会计学院贺信

尊敬的常勋先生：

在常老85岁寿辰之际，北京国家会计学院谨祝老前辈生日快乐、健康长寿！

作为我国著名的老一辈会计学大师，国际会计教学和研究领域的先驱者之一，您为我国会计理论和教育事业做出了杰出贡献，著作等身，桃李满天。衷心感谢您为国会计事业所付出的心血，衷心感谢您多年来对北京国家会计学院建设和发展的悉心指导和帮助！在您的关心下，北京国家会计学院抓住会计事业发展的良好机遇，继续教育、学位教育、远程教育呈现可喜发展势头。我们希望在您的指导下，共同为我国会计教育事业的繁荣作出新的贡献！

金桂生辉老益壮，萱草长青庆耄耋。衷心祝愿常老健康长寿，教育之树长青！

北京国家会计学院

2008年6月20日

· 北京国家会计学院贺信

南京大学会计学系、南京大学会计与财务研究院贺信

欣闻常勋教授八十五华诞，南京大学会计学系、南京大学会计与财务研究院全体师生员工遥祝常先生健康长寿！万事如意！

常先生是我国著名的老一辈会计学家，是我国国际会计教学和研究工作的开拓者之一，也是我国知名的注册会计师。作为一名著名会计学家，常先生在成本会计、国际会计、审计等方面均有深厚的造诣，尤其是在国际会计方面，先生不仅较早地介绍了西方会计的理论与方法，为推动我国外商投资企业会计实务作出了重要贡献，而且是我国国际会计学科的重要开拓者，极大地促进了我国会计的国际交流，在国际上享有很高的声誉；作为一名著名的会计教育家，常先生为我国培养了众多的国际会计人才，目前国内国际会计方面的中青年学者许多都聆听过常先生的教诲或是得到先生的指导和帮助，尤其是先生的《国际会计》、《西方财务会计》、《财务会计四大难题》、《高级财务会计》、《外商投资企业会计》等一系列著作，启迪了一大批青年学者，成为我国众多学者在国际会计方面的重要启蒙书；作为一名著名注册会计师，先生不仅亲自创办了厦门大学会计师事务所，而且对我国审计准则的制定作出了重要贡献，常先生还在会计师事务所管理等方面进行了深入研究，对于促进我国注册会计师行业的规范发展，起到了不可估量的作用。作为一名关心社会教育事业的知识分子，常先生亲自参与创办了我国特区第一所民办大学——华厦学院，并担任首任校长，为促进我国民办教育作出了卓越的贡献；作为一名会计界的前辈，常先生为人亲和，时时提携后人，是我国会计界人人敬重的老前辈。

在南京大学会计学科的发展过程中，常先生给予了大力的支持，作为来自常先生家乡学校的晚辈，在常先生八十五华诞之际，我们由衷地祝愿常先生健康长寿，学术之树常青！

南京大学会计学系、南京大学会计与财务研究院
2008 年 6 月 19 日

· 南京大学会计学系、南京大学会计与财务研究院贺信

朱祺珩携原天健信德同仁贺信

敬爱的常勋先生：

值先生八十五岁寿辰之际，我们谨此向您致以亲切的问候和祝贺。

我们都读过您的书，听过您的课；更有幸的是，曾在天健集团的六、七年间与您一起工作。在当今中国会计界，能将会计理论和实务融合为一体并产生重大影响者，唯有您 常勋先生。更令人肃然起敬的是，您前半生二十一年的坎坷经历，从未动摇过您追求精神之独立和思想之自由的意愿，这是何等的不平凡！

中国有句老话："中年万事哀，晚年福自来"。而美国和英国的两位经济学家布兰奇弗劳尔（David Blanchflower）和奥斯瓦尔德（Andrew Oswald）曾共同进行了一项研究发现，快乐与年龄的关系呈 U 形发展。我们诚挚地祝愿常勋先生

健康长寿，愈来愈快乐！

朱祺珩 携原天健信德同仁

魏小珍 蔡春鸣 许坚真

干长如 邓建新 刘云

李渭华 俞善敖 林虹

二零零八年六月二十日 深圳

· 朱祺珩携原天健信德同仁贺信

90 岁寿辰庆典

由厦门大学管理学院、致同会计师事务所厦门分所筹划多时的常勋教授90寿辰庆典活动，于2013年5月19日在厦门威斯汀大酒店隆重举行。除常勋教授所在单位厦大管理学院领导及同事、致同会计师事务所厦门分所的合伙人外，中国会计学会、中国注册会计师协会、对外经贸大学国际商学院、厦门华厦学院、民革厦门市委会、厦门职教社诸单位领导及常勋教授好友等亲临祝贺，众多厦大会计专业的历届校友相约前来祝寿，葛家澍教授还特地送上了祝贺视频。庆典活动还收到财政部会计司、中国注册会计师协会等单位和个人发来的贺信及祝贺。常勋教授对众人的祝福深表谢意，并以自己的10万元稿酬现场为厦门华厦学院教学奖励基金、厦门民革党员互助金捐赠了专款。

常勖教授 90 岁寿辰庆典活动

· 厦门大学管理学院葛家澍教授通过视频热烈祝贺

·· 厦门大学管理学院的热情祝贺

我们代表上海500名您的学生

来自加拿大葛方雯的祝福

· 来自致同会计师事务所厦门分所的祝福

·· 来自厦门大学上海校友会会计分会的祝福

∴ 来自加拿大葛方雯的祝福

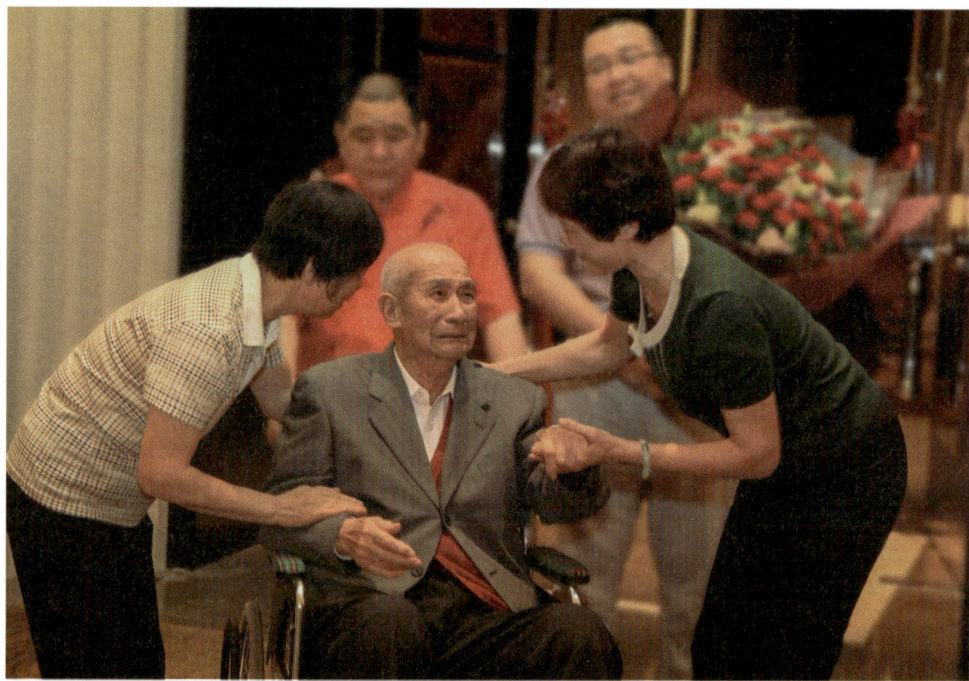

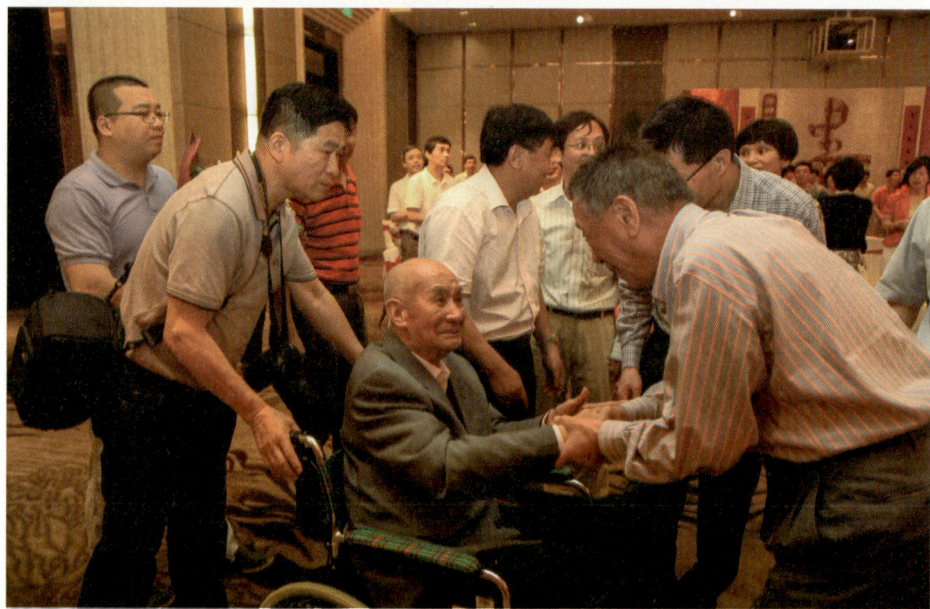

· 学生代表叶蕙（右）向常老师献花

·· 朱祺珩先生（右）的祝福

· 大家的祝福①

·· 大家的祝福②

· 庆典活动筹划、主持人，致同会计师事务所合伙人管理委员会主席陈箭深博士

·· 厦门大学副校长李建发教授致辞

::· 中国会计学会常务副秘书长周守华教授致辞

:: 中国注册会计师协会专业标准部主任唐建华先生致辞

· 学界代表——对外经贸大学国际商学院院长汤谷良教授致辞

·· 学生代表——对外经贸大学余恕莲教授致辞

··· 老朋友代表——资深注册会计师、原天健信德会计师事务所首席合伙人朱祺珩先生致辞

:: 老同事代表——厦门市政协副主席、厦门国家会计学院院长黄世忠教授致辞

· 厦门市副市长、民革厦门市委会主委国桂荣女士致辞

·· 致同会计师事务所厦门分所管理合伙人刘维博士致辞

·· 厦大管理学院赠生日贺礼

· 致同会计师事务所厦门分
　所赠生日贺礼
· 厦门华厦学院赠生日贺礼
∷ 观看儿子赠送的生日礼
　物——电子相册

· 常勋教授致答谢词

·· 常勋教授向厦门华
　厦学院、民革厦门
　市委会捐赠专款

· 与"天健集团"老同事合影

∴ 来自民革厦门市委会的祝贺

∷ 大家的祝福①

∷ 大家的祝福②

∷ 大家的祝福③

· 大家的祝福⑧

·· 大家的祝福⑨

∴ 大家的祝福⑩

· 大家的祝福⑪

·· 大家的祝福⑫

· 大家的祝福⑬
·· 大家的祝福⑭
∶ 大家的祝福⑮
∷ 大家的祝福⑯

· 大家的祝福⑰

·· 大家的祝福⑱

· 寿辰合影①

·· 寿辰合影②

· 寿辰合影③

·· 寿辰合影④

· 寿辰合影⑤

·· 寿辰合影⑥

· 寿辰合影⑦

·· 常勋教授向大家道谢

· 常勋教授在寿宴上①

·· 常勋教授在寿宴上②

∴ 常勋教授在寿宴上③

· 常勋教授 90 寿辰庆典活动期间系列讲座主持人刘峰教授与出席讲座的嘉宾①

· 常勋教授 90 寿辰庆典活动期间系列讲座主持人刘峰教授与出席讲座的嘉宾②

尊敬的常老师：

在您九十华诞之际，我谨代表财政部会计司，并以我各人名义，向您致以崇高的敬意和衷心的祝贺！

您是我国知名的老一辈会计学家，是我国国际会计教学和研究工作的先驱者，为国家培养了大量的涉外会计人才，您创建了厦门大学会计师事务所（现致同会计师事务所），将会计理论与实务有效融为一体；您长期担任中国独立审计准则中方专家咨询组成员、国际会计准则中文翻译专家组成员，为我国会计、审计准则改革与发展做出了积极贡献。您对会计事业孜孜以求60余载，成果辉煌，口碑扬四海，桃李满天下，您敬业奉献的高尚品德，严谨求实的治学态度，理论联系实际的工作作风，是我国会计届同仁的学习榜样。

莫道桑榆晚，红霞正满天。衷心祝福您生日快乐，健康长寿！

财政部会计司司长 杨敏

2013年5月16日

· 财政部会计司司长杨敏女士发来的贺信

杏林春暖，橘井泉香。我们将以常老为榜样，传承和弘扬老前辈的会计精神，为培养更多高层次应用型会计人才而继续努力，为国家经济建设和会计事业发展做出新的贡献！

—— 摘自北京国家会计学院贺信

· 北京国家会计学院发来的贺信

仁的敬重。

　　泰山不老年年茂，福海无穷岁岁坚。我们再次向您献上诚挚和恒久的祝福，衷心祝愿您寿诞快乐，春晖永绽！

中国注册会计师协会

2013 年 5 月 19 日

中国注册会计师协会

尊敬的常勋教授：

　　欣逢先生九十寿辰，我们向您致以崇高的敬意和衷心的的祝福！

　　您作为我国著名的会计学家和教育家，始终奋斗在我国会计教学、科研与实务工作的第一线。您开创了我国国际会计学科体系，创建了厦门大学会计师事务所，担当了中注协独立审计准则中方专家咨询组的工作。您精于思考，勇于探索，敢于创新，取得了斐然的成就；您学识渊博，德艺双馨，桃李天下，赢得会计界和社会各界的尊重。

　　您十分关心和支持注册会计师事业发展，将厦门大学会计师事务所作为会计学子的科研和实习基地，培养了一大批注册会计师行业优秀人才。您担任中注协独立审计准则中方咨询专家组组长期间，带领专家咨询组对审计准则立项、起草和发布提供了高质量的咨询，为注册会计师行业国际化发展奠定了坚实的技术基础。您主持会计师事务所治理机制等重大课题所取得的成果，对于提升注册会计师行业诚信水平、完善会计师事务所治理机制，打造会计师事务所品牌，起到了积极的引导作用。您严谨务实的工作态度、敬业奉献的高尚品德、为人师表的长者风范，受到注册会计师行业同

· 中国注册会计师协会发来的贺信

在您九十华诞之际，我会代表我省注册会计师行业的全体同仁对您所取得的成就和所作的贡献表示崇高的敬意，并祝您身体健康，寿比南山、福如东海！

— 摘自福建省注册会计师协会贺信

今年乃先生九十岁华诞，先生之道德文章，必将激励后辈学人。

顺祝先生幸福安康！

赵德武 贺

南山有台，北山有莱。

乐只君子，邦家之基。

乐只君子，万寿无疆。

南山有桑，北山有杨。

乐只君子，邦家之光。

乐之君子，万寿无疆。

杨雄胜 贺

· 福建省注册会计师协会发来的贺信

·· 西南财经大学党委书记赵德武教授发来的贺信

··· 南京大学会计系杨雄胜教授发来的贺信

仗朝步履春秋永，

钓渭丝纶日月长。

热烈祝贺我国著名会计学家

常勋教授九十华诞！

—摘自中国人民大学商学院会计系贺信

在此恩师九十寿辰之际，新銮因工作缠身，无法到场祝寿，深感惶恐与遗憾，谨此贺信深表心中祝福，祝愿恩师：学术之树常青、生活之树常青，健康之树常青！

新銮

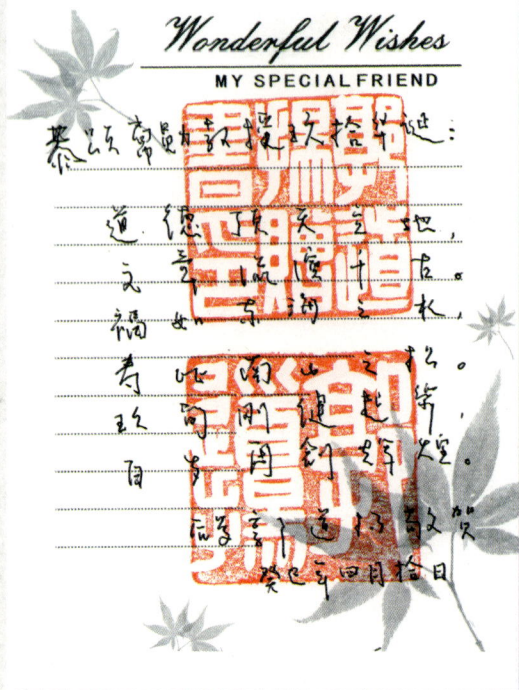

Wonderful Wishes
MY SPECIAL FRIEND

· 中国人民大学商学院会计系发来的贺信
:· 郭道杨教授送来的贺卡
:: 学生（福建省外经贸厅厅长黄新銮）发来贺信

在庆祝常勋校长九十寿辰暨从教六五周年纪念活动上的致辞

尊敬的常校长，各位来宾：上午好！

今天，是常勋校长九十寿辰暨从教六五周年的大喜日子，也是我们厦门华厦职业学院的一大盛事！在此，我受蔡望怀创校名誉董事长、吴风章董事长及王小如校长的委托，谨代表华厦学院向我们的老校长常勋教授表示最热烈的祝贺！衷心祝愿您福如东海、寿比南山、健康快乐每一天！与此同时，今年华厦学院的全体师生正以另一种形式为老校长祝寿。2013年是华厦学院申办应用型本科院校的关键时期，而今天正是学校迎接市专家入校进行升本评议的日子。我们全体华厦人将全力以赴、努力升本，以实际行动为老校长的九十寿辰献礼！

1993年在常校长70岁高龄的时候，再次被委以重任，主持厦门市政协创办的民办大学——华厦学院的筹建工作。您凭着对事业的执着与社会威望，在没有资金、没有校舍、没有师资，只有一张蓝图的条件下，凭借自己的坚韧和智慧，人格和威望，吸收了一批财会专业的精英到华厦任教，并争取到市委、市政府和热心教育事业的社会各界人士的大力支持，经过10年创业，学校从只有30万元的启动资金到拥有5848.9万元的净资产，从最初只有三个专业的148名学生发展到有8个专业1200多名学生，一幢建筑面积为7343平方米的教学综合大楼拔地而起，一批财会专业的精英到学校任教，优秀的师资队伍和严格的管理制度，使学校赢得良好社会声誉。1997年华厦学院被有关部门评为全国民办高校先进单位，1998年常校长荣获全国民办高校创业奖，1999年参加国家高等教育学历文凭考试通过率高达85.7%，在全国民办高校中名列前茅。常校长带领华厦全体老师艰苦创业10年，没拿过学校1分钱，将全部收入捐给学校，设立了常勋奖学金、常勋助学金，今天在您90寿辰之日，仍关心学校的发展，捐款设立"常勋教科研创新奖励金"。现今学校已拥有6亿多资产，37个专业，6000多名学生，正在持续创业，加强内涵建设，争取早日成为应用型本科院校，为此学校全体师生对常校长在学校创立、创业、教书育人、立德、立功、为繁荣学校建设做出的卓越贡献，表示由衷的敬佩和感谢！

常校长是我国知名的老一辈会计学家，是我国国际会计教学和研究工作的开拓者之一，也是我国知名的注册会计师，享受国家级突出贡献专家津贴，是新时期中国知识分子的典范，是所有青年学者的楷模，您继承了中国传统知识分子"先天下之忧而忧，后天下之乐而乐"的优良品德，忠于国家、奋发图强、不讲私利，顾全大局，乐于成人之美，充满仁爱之心，勇于追求真理，善于团结共事，卓然大家风范，深得会计界同人之敬重。

再次祝常校长九十大寿，祝常校长健康长寿！

- 民革厦门市委会赠送的贺匾
- 厦门华厦学院庆祝常校长90寿辰的贺词

寿考园福报

勋业秉华丹

恭贺常勋老师九秩寿辰

黄邑辛渡学张连起书

· 张连起先生送上的寿联

18 年后终续亲情

常勋与薛清渊女士可谓是"今生有缘",老家同为常州,又是上海圣约翰校友(薛清渊毕业于圣约翰教育系),俩人于 1948 年结为伉俪,子女正好出生在三个工作地:上海、济南和厦门;俩人又可谓是"今世有怨",常勋教授 18 年的劳改生涯不仅殃及妻子("文革"期间也被作为敌特嫌隔离审查,1980 年才获彻底平反),还让她独自一人含辛茹苦地拉扯大三个子女,子女的成长自然也难免受到牵连;但俩人终归是同甘共苦地过了一辈子。常勋教授重返讲台二十来年的拼搏,也深埋着他那份补偿妻儿的情结。

常勋教授获特赦返厦后,家里便喜事连连:1980 年获彻底平反,重返讲台,当年长孙出生;1986 年晋升教授,长子一家的户口也迁回了厦门;夫妻俩也结伴返回江苏老家省亲,续上了隔断多年的亲情;1986 年底由加拿大到美国见到了分离 30 多年的两位亲姐姐……

自 1980 年重返讲台后的 37 年,是常勋教授最值得骄傲且过得十分惬意的时光。

北京邮票厂

· 儿子给爸爸妈妈定制的个性化邮票

·· 获特赦回家后在首个团圆年拍下的全家福（1977 年春节）

· 夫妇俩在厦大校园（1977 年春节）

·· 陪同薛清渊姐妹游览南普陀寺（1979 年 8 月）

∴ 陪同薛清渊姐妹游览厦大校园（1979 年 8 月）

· 薛清渊姐妹在鼓浪屿日光岩（1979 年 8 月）

·· 二儿子陪同三姨妈游览泉州市开元寺（1979 年 8 月）

· 多了大媳妇的全家福（1980 年春节）

·· 添了孙子的全家福（1981 年春节）

· 在爷爷奶奶身边长大的孙子（1983年于厦大国光三）

·· 三代同堂（1984年春节）

· 与孙辈游览厦门中山公园（1985 年夏）

·· 与二儿子一家在厦门中山公园（1985 年夏）

· 厦大国光三的记忆

·· 大儿子夫妇调回厦门后的家
庭聚会①（1986 年）

··· 大儿子夫妇调回厦门后的家
庭聚会②（1986 年）

· 与大外甥一家在北京（1986 年）

·· 与俩外甥女和外甥游览北京颐和园（1986 年）

· 1986 年 12 月由加拿大顺道去美国探亲，与二姐（左一）、
  三姐（右二）及外甥女在旧金山合影

·· 与三姐及外甥女在旧金山合影（1986 年 12 月）

· 和外甥一家在美国休斯敦住宅（1986 年 12 月）

·· 与三姐及外甥在美国休斯敦大学（1986 年 12 月）

· 旅居美国的外甥女夫妇来厦门探亲①（1987 年）
· 旅居美国的外甥女夫妇来厦门探亲②（1987 年）

· 与家人游览厦门万石植物园（1987年秋）

·· 在国光三家中过生日（1987年）

· 大儿子回常州追寻儿时记忆（1987 年 12 月）

·· 常州侄女来厦门探亲（1992 年 6 月）

· 陪南京外甥女游览集美（1988 年）

·· 在厦门悦华酒店（1988 年）

· 结婚 40 周年纪念（1988 年）

·· 游览厦门万石植物园温室（1988 年国庆节）

· 三代同堂（1992 年春节）

· 旅居美国的外甥夫妇带大女儿来厦门探亲①（1994年5月）

·· 旅居美国的外甥夫妇带大女儿来厦门探亲②（1994年5月）

∴ 旅居美国的外甥夫妇带大女儿来厦门探亲③（1994年5月）

· 南京省亲，与两外甥女在外甥家（后排右二、右三为外甥
夫妇，1994 年）

·· 与两外甥女在南京（1994 年）

· 常州省亲，薛清渊妹
夫陪同游扬州瘦西湖
（1995 年 7 月）

·· 与大侄女一家在常州
（2000 年）

⫶ 与二侄女一家在常州
（2000 年）

⫶ 与侄子一家在常州
（2000 年）

· 大儿子访美顺道探亲①（1995 年 10 月摄于旧金山）

·· 大儿子访美顺道探亲②（1995 年 10 月摄于旧金山）

· 游览西安华清池（1990 年 11 月）

·· 游览甘肃月牙泉（1997 年）

· 在厦大敬贤七家中（1997 年春节）

·· 迁入厦大海滨东区新家（2002 年 10 月）

· 和北京外甥一大家子在一起（2000 年 8 月）

·· 厦大海滨东区的居家日子

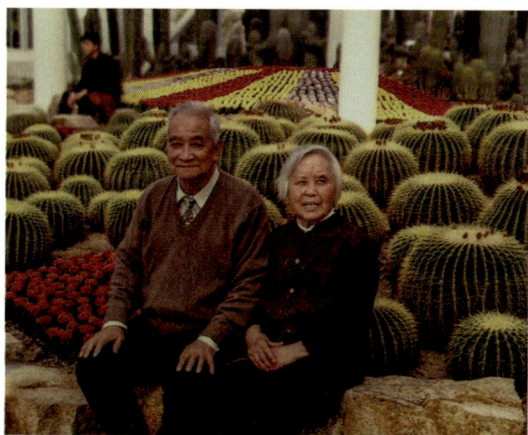

· 游览厦门万石植物园①
　（2003 年元旦）

·· 游览厦门万石植物园②
　（2003 年元旦）

∴ 游览厦门万石植物园③
　（2003 年元旦）

· 孙子赴英留学前的全家福（2003 年 5 月）

·· 和孙子辈在一起（2003 年 5 月）

· 与大儿子夫妇在厦大海滨东区家中（2004年春节）

·· 乔迁珍珠湾花园后过的第一个春节（2005年）

· 孙子暑假回国在珍珠湾花园家中拍摄的全家福（2005 年 8 月）

·· 全家福（2007 年元旦）

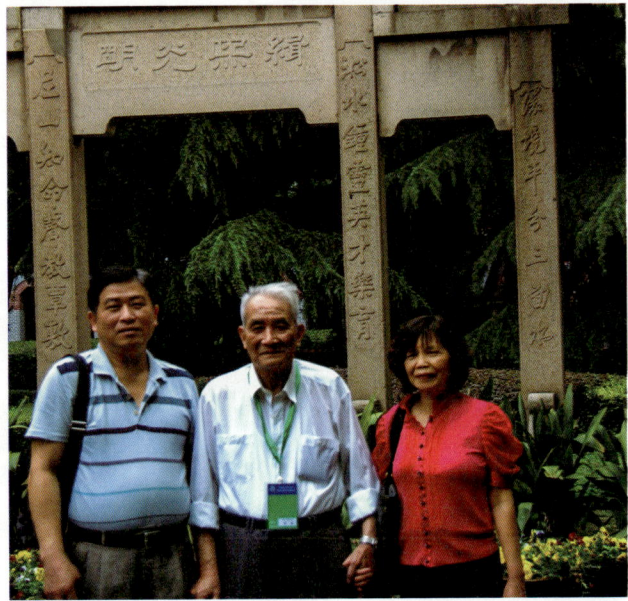

· 全家福（2007 年 8 月 26 日）

·· 大儿子夫妇陪同出席圣约翰全球校友会（2009 年于上海）

· 孙子的婚礼（2010 年 10 月于厦门）

· 90 寿辰时的合家欢（2013 年 5 月）

· 四代同堂（2015 年春节）

附 录

学术权威　人品楷模
——记我国著名会计学家、注册会计师常勋教授

黎冉 夏虹

　　每每步入厦门大学美丽如画的校园，接触到众多的导师、博士，都会产生一种神圣之感。当看到健步走来的常勋教授——一位我国会计界和注册会计师行业的名人，一位从教50余年的宗师，一位饱经风霜、年逾古稀的老人，不由使人肃然起敬；而当你看到他的学生和身边的人谈到常教授就滔滔不绝的情景，更是感受到了他那特有的人格魅力，一种孜孜以求的精神，一种勃勃向上的生机。这使我们产生了一定要把常勋教授介绍给读者的强烈愿望。

国际会计开先河

　　1948年1月，常勋教授毕业于上海圣约翰大学经济系后便留校任教，曾兼任编辑和翻译工作。由于他有着扎实的英文功底和多年教学的实践经验，在改革开放后的1982年，厦门大学把首次为海洋石油系统培训涉外会计人才的任务交给了他。当时我国还没有这方面的教材，常勋教授便根据教学需要编写了我国第一本《会计专业英语》，此后，又对这本书进行了修订，并多次再版，深受读者欢迎。常勋教授主编的《西方财务会计》、《国际会计》、《中外合资经营企业会计》、《外商投资企业会计》等，也都是我国在此类教材中最早的版本，曾先后获得国家教委和财政部授予的优秀教材奖。

　　有人说，常勋教授在引进西方财务会计，并把会计理论与实务融为一体方面，实实在在做出了重大贡献。的确是这样。在改革开放初期，常勋教授除了完成学校的教学任务外，还为我国的海洋石油系统、外贸系统和厦门经济特区培训了数

千名涉外会计人才。如今，他们中有很多人已经是大公司的总会计师、财务总监，成为企业的中坚力量。 1985 年，在世界银行的资助下，厦门大学受国家教委的委托，开办了学制为一年的全国高校国际会计与国际税务师资培训班。常勋教授为培训班讲授了"西方财务会计"和"外商投资企业会计"两门课。这样的培训班先后举办了四期，培养了 300 多人。目前，活跃在全国高校涉外会计和国际会计教学战线上的骨干教师，多出自这几期培训班。

1985 年，常勋教授又率先在我国招收了国际会计研究方向的硕士研究生，后又专门为研究生开设了国际会计研究和专题研讨等课程。国际会计教学从无到有，常教授做出了很大努力。从开始的引进、介绍，到后来的深入研究，他始终不崇洋，不照抄照搬，而是经过消化、吸收，不断充实更新，然后融入教学中去。因此，不可否认，国际会计学科发展到今天，常勋教授功不可没。由于常勋教授治学严谨，知识渊博，表达能力强，又有一副京剧"票友"的嗓门，讲课颇受同学们的好评。会计系曾举办了两次由学生评选"最优秀教师"的活动，每次只有两个名额，他都当选。他与葛家澍教授、余绪缨教授一起被誉为厦门大学会计系的"三面旗帜"。他还荣获过福建省社会科学优秀研究成果奖、福建省五一劳动奖章、先进教育工作者奖、厦门大学最高教学科研奖——南强一等奖。

1987 年，在当时的会计系主任余绪缨教授的推荐下，常勋教授作为首批中央广播电视大学的主讲教师之一，讲授了"西方财务会计"。他讲课的录像被当时香港中资企业的培训班广泛采用。80 年代末至 90 年代初，他主编的《中外合资经营企业会计》及在此基础上改编的《外商投资企业会计与财务管理》和《外商投资企业会计》等书，作为当时少数可以外销的图书，在港台具有一定的影响。他还享受国务院设定的杰出贡献专家终身津贴。1987 年，常教授作为我国五位专家之一出席了第六次国际会计教育会议。他还担任过亚太地区会计学术研讨会 1991 年年会中国组执行主席，曾多次应邀到美国、加拿大、日本、新加坡等国进行访问、讲学，并且担任香港城市理工学院（现城市大学）的客座高级研究员。

注册会计师行业的开拓者

1988 年 10 月，厦门大学会计师事务所（以下简称"厦大事务所"）开始组建。由于常勋教授不仅有坚实的理论基础，而且还有 1949 年前参与事务所业务的实践经验，事务所一成立他就担任主任会计师。起初，审计人员多为会计系的教师兼任，由于大家从未干过，都是靠常教授手把手地教，一个一个地带出来的。他在 90 年代初就亲自动手设计了一套审计工作底稿，并逐步借鉴吸收了国际上的一些做法。当时的执业环境较乱，也没有审计准则等职业规范，但常勋教授非常重视执业质量，并有很强的执业风险意识，经常在事务所的业务工作会议上给大家讲解如何规避风险和提高质量的问题。在他的严格要求下，全所执业人员都增强了执业风险意识。每当接受一项新业务时，他们都坚持认认真真做好预备调查，签署合同时一定要明确审计范围和审计责任。而且，厦大事务所很早就建立了复核和分级督导制度。注册会计师们都说，遇到问题就及时请教常老师，风险大的业务宁可放弃不做。

由于常教授的言传身教，事务所成长起一批业务技术精湛的注册会计师。那是1997年，厦大事务所承接了对某期货交易所的审计任务。该期货交易所通过长期投资，将大量资金转移到了下属公司，后又巧立名目以收回投资等方式，割断了与下属公司的投资关系，使期货交易所的大量资产游离于会计记录之外。通过事务所的不懈努力，终于顶住了压力，对长期投资进行了大量的实质性审计，追回了几千万元的账外资产，避免了这些国有资产被侵吞而流失。这件事受到了中国证监会等有关部门的表扬。

常勋教授在坚持职业道德方面也做出了表率。在不少事务所为拉业务给客户回扣的情况下，厦大事务所很有压力，但常勋教授坚持不给客户回扣，而是以厦大事务所为客户提供专业培训、咨询等优质服务来赢得客户。厦大事务所的同仁骄傲地告诉我们，过去是客户选我们，现在是我们选客户。效益不好、管理混乱、风险大的客户，我们都甩出去不做了。说到这些，黄世忠博士更是深有体会。他原是厦门大学会计系副主任，曾在厦大事务所做过兼职注册会计师，事务所脱钩改制后放弃了在厦门大学的职务，到改制后的厦门天健会计师事务所做合伙人，并担任主任会计师。他说，因为有常老师给事务所打下的坚实基础，我们才敢"下海"的。

1994年，常勋教授被财政部聘为独立审计准则中方专家咨询组成员，并于1997年至1998年在咨询组组长杨纪琬教授患病期间，代杨老主持专家咨询组的会议。常勋教授还是中国注册会计师后续教育丛书编审委员会的委员，经常应邀为中国注册会计师协会和地方注册会计师协会举办的独立审计准则培训班和注册会计师业务讲座授课，并且为厦门大学开设"注册会计师业务研讨"研究生课程。由于他能在教学、科研与执行注册会计师业务中，把理论与实务融为一体，讲课生动、形象、深刻，培训效果好，学员们十分满意。

育人、为人的典范

1953年，常勋教授调入厦门大学。1958年，他年仅34岁。正当他可在事业上大干一番的时候，厄运突然降临到他的头上——由于受当时左倾路线的迫害而被关入牢狱，减刑释放后又留在农场就业，长达18年之久。谈到这段经历时，常教授却像讲故事一样。他说，在"里面"反而养好了身体。由于每天劳动强度大，能吃能睡，倒把多年的胃病治好了。他还津津乐道到后来他的种菜技术水平有多高。我们问常教授，受到那种不公正的待遇，您就没有消沉过吗？他说，当时也没想那么多，只是惦记家中的妻儿老小，想表现好一点，早一点出去。他还满怀深情地告诉我们，他的爱人吃了不少苦，在那种情况下，一个人带着3个年幼的孩子生活，既要上班，又要照顾孩子，况且那时最大的孩子才9岁，生活的艰难可想而知。听着他充满感情的回忆，我们分明看到了他眼中闪烁的泪光，心中不禁涌起一种对常勋教授老伴薛清渊老师的崇敬之情。

人生的磨难并没有击垮常勋教授，他已把一切看得很淡。他说，这段坎坷的经历，使我更加珍惜能发挥自己聪明才智的机会，促使我在老年时更加倍努力工作，而且也使我养成了比较豁达的性格，名利思想比较淡薄，不去计较个人得失。在采访中，我们偶遇厦门大学党委副书记张翼同志，当他得知我们要采访常勋教授，便脱口而出：常老师学术好，人品好。这一点，在我们接下来的采访中得到了证实。

说到常老师的为人，全国政协委员、厦门大学管理学院副院长王光远博士很是动情，他说有的人学术上取得成功，但做人不一定出色；有些人可能为人很好，但学术无成。而常教授做人做事都好，堪称一流。社会上有很多知名教授，但像他那样又是杰出注册会计师的，恐怕不多。王光远博士并不是他的学生，原在中南财经大学读杨时展老先生的博士，后师从葛家澍教授读博士后。没想到，说起常教授，他也会有那么多感受。他说，我在会计系任主任时，老先生和前辈提出什么要求，我都会照办，但常老师从未为个人的事提过半点要求。做人做到这个份儿上，能达到这么高的境界，不是常人所能做到的。

当年，由于超过评选年龄，常勋教授没有被评上博士生导师，但他从来没有为此事找过领导。"如果那样的话，就不是常老师了。"提及这件事，学生对他的崇敬之情溢于言表。他的资历那么深，却从不颐指气使，对待年轻人他总是那么宽容、厚爱，在公开场合对有才华的学生表示赞赏，说他们比自己强。他的谦虚美德有口皆碑。我们在采访中听到他的同事和学生们的话都是由衷的、发自内心的，他是人们心目中的权威。社会上有的权威是因为有了权才有威，而常勋教授的"权威"是凭着自己治学严谨、为人师表的一言一行被认可的。而这样的权威才是恒久的。

1993年，常勋教授在厦门市政协的盛情邀请下，兼任了民办学校厦门华厦学院的校长。创业伊始，一无校舍，二无师资，三无资金。常勋教授带领着大家艰苦奋斗，从借教室、找教师，到制订教学计划、专业和课程设置，常勋教授全都亲自动手。作为华厦学院的校长，他年事已高，但却坚持乘班车去学校。学校开课后，他总是挤时间亲自上课，作报告，找学生谈话，对学生充满了爱心。当他发现有位女同学家境不好、生活十分困难、学业难以为继时，除学校给她全免学杂费外，他自己每个月拿出200元工资资助这个贫困学生，以帮助她完成学业，这在学校已传为佳话。为了使学院能在创业维艰中站稳脚跟，团结和激励全体教工"多求贡献，少讲报酬"，常勋教授将自己的校长工资本息共计10万余元全部捐献出来，设立了华厦学院的"名流图书基金"。去年是常勋教授从事高等教育50周年，执行注册会计师业务10周年。他婉言谢绝了许多纪念活动，埋头撰写了《财务会计三大难题》一书，并将义卖书款捐给了"名流图书基金"。在他的带动下，社会团体、学术界、企业界、出版社、常勋教授的同事和历届门生大量捐款、捐书。到目前为止，"名流图书基金"的筹资已超过了50万元。1996年，一幢建筑面积为7433平方米的教学综合大楼在厦门市政府无偿划拨的校园用地上拔地而起。1997年，华厦学院被评为全国民办高校先进单位。1998年，基于常勋教授做出的突出贡献，全国民办高教委授予他"创业奖"。

为人正直，是常勋教授的又一特点。他是福建省第六届政协委员、福建省第八届人大常委。他既有胆识，又有能力。他反映民意，敢于对改革开放中的一些经济政策问题发表自己的意见，而不是将这些职务当成一个光环。他虽然遭受过21年的不公正的待遇，但他始终都有一颗爱国心，对社会有着强烈的责任感。

"老骥伏枥，志在千里"，如今，常勋教授虽然已经75岁高龄，但他仍然精力充沛，每天为事业忙碌着。他手头还有很多活儿要做。他要为中国会计准则委员会校对几十万字的《公认会计准则》英文译稿，他要根据90年代国际会计的发展，编著一本新的《国际会计》，他也希望把自己多年积累的审计实务经验编写成注册会计师后续教育教材，他还要为研究生授课，还想把自己在英文翻译中的技巧传授给大家……他要做的事情实在是太多、太多了。为了夺回过去失去的宝贵时光，他像一台不知疲倦的机器不停地转动、转动……

紧张的采访虽然结束了，但常勋教授在平凡的岗位上默默耕耘的形象，他的人格力量的影响，已无法从我们心头抹去。"我国注册会计师事业的发展，需要全行业的艰苦努力，前景是光明的。"他那洪亮的声音，仍萦绕在我们耳畔。望着常教授那远去的背影，我们衷心地祝愿他老人家健康长寿。从他的身上，我们感受到我国老一代知识分子那种为国家、为事业鞠躬尽瘁、死而后已、不计得失、淡泊名利的可贵精神，从而激励我们为繁荣中国的注册会计师事业竭尽全力。

（刊登于《中国注册会计师》1999年第3期）

附录二 关于在全省民革党员中开展向常勋同志学习活动的决定

常勋同志1981年1月加入民革，曾任厦门大学经济学院会计系国际会计教研室主任、教授，厦门大学会计师事务所主任会计师，福建省注册会计师协会常务理事、副会长、中国成本研究会理事、常务理事等职，历任民革厦门大学支部主委、民革福建省委会副主委、顾问、民革中央委员，福建省人大代表、常务委员，福建省政协委员等职，现任厦门市政协委员、厦门中华职教社主任、厦门华厦学院校长、全国民办高等教育委员会常委、中国注册会计师独立审计准则中方专家咨询组成员、国际会计准则中文翻译审核专家组成员和中国注册会计师后续教育丛书编审委员会委员等职。

在极左路线影响下，常勋同志历尽坎坷，直至1979年他的冤案才得到彻底平反。1980年恢复名誉重新走上大学讲坛时，常勋同志已经五十六岁。他遵照邓小平同志"团结一致向前看"的指示精神，将个人得失置之度外，发愤工作，承担了繁重的教学科研任务，先后出版了23部专著和译著，发表了41篇论文和译文，多次获得国家部、委优秀教材奖或优秀研究成果奖。他连续获得福建省五一劳动奖章、省先进教育工作者、全国优秀教学成果省级一等奖等嘉奖与荣誉，获得国务院对有杰出贡献专家的终身津贴，他为厦门特区培养了众多的涉外会计人才，成为我国率先招收国际会计硕士研究生的导师。

1993年，70岁的常勋同志受厦门市政协委托，担任厦门华厦学院校长，在一无校舍、二无师资、三无资金的情况下，常勋同志带领全校师生艰苦奋斗，经过六年多的努力，使厦门华厦学院初具规模，被中国成人教育协会民办高等教育委员会评为全国民办高校先进单位。在任校长期间，常勋同志将其工资连本带息10万元以及义卖自己封笔之作《财务会计三大难题》所得款55万元一并捐献给华厦学院作为"名流图书基金"。

常勋同志身为一名民革党员，在做好本职工作的同时，积极参政议政。他不但敢于说真话，而且善于发表富有建设性的意见和建议，并被有关部门采用。

常勋同志是民革的好党员，他的先进事迹受到民革党员和社会各界的赞扬。为深入学习贯彻落实中共十五大精神，引导全省民革党员为实现科教兴省的战略决策献计出力，经省委会九届第十八次主委会议决定，在全省民革党员中开展学习常勋同志的活动：

一、全省各级民革组织要认真组织所属民革党员学习常勋同志的先进事迹，学习他坚持中国共产党的领导、走社会主义道路的坚定信念；学习他无私奉献、爱岗敬业和求实创新的精神；学习他热爱民革组织、热心民革工作、积极参政议政的强烈责任感。

二、要通过学习常勋同志的活动，推动全省民革党员立足本职岗位，努力钻研业务，积极履行参政议政职能，为建设海峡西岸繁荣带作出新贡献。

三、各级民革组织应精心组织好这场活动，要将向常勋同志学习的活动与学习邓小平理论结合起来，通过多种形式的学习、宣传活动，进一步加强思想政治工作，使全体党员受到一次深刻的爱国主义、集体主义和社会主义教育，提高民革党员的整体素质，为两个文明建设服务。

附：常勋同志先进事迹介绍

民革福建省委会
二○○○年二月十五日

常勋同志先进事迹

常勋同志是厦门大学经济学院教授，硕士生导师，曾任福建省人大常委、省政协委员、民革中央委员、民革福建省委会副主委、民革厦门大学总支主委、福建省注册会计师协会副会长、顾问。现任厦门华厦学院校长、厦门大学会计师事务所主任会计师，并应财政部聘请，担任中国独立审计准则中方专家咨询组成员、中国注册会计师后续教育丛书编审委员会委员、国际会计准则中文翻译审核专家组成员等职。

（一）

常勋同志是我国著名会计学家，1924 年5月出生于江苏常州市。1948 年1月他以优异的成绩毕业于上海圣约翰大学经济系并留校任助教。解放后任山东财经学院会计系教师、厦门大学经济系讲师。 1958 年在反右扩大化影响下被迫离开了教学岗位，直至1976 年才返回厦门大学，在经济学院资料室任《经济资料译丛》的专职翻译和编辑工作。1980 年，常勋同志的历史错案得到彻底平反，他重返教学讲坛，并于1981 年加入民革。经历了21 年不公正待遇、已年逾半百的常勋同志无暇顾及个人得失，夜以继日地投入到忘我的工作中，承担起了繁忙的教学任务。

挫折磨炼了他豁达的性格和积极的人生态度。当有人问到他对平反的感想时，常勋同志坦诚地说："没有拨乱反正，我决不可能重返大学讲坛，我要把握住这个机遇，创造一个辉煌的晚年"，"与国家的损失相比，个人的恩怨又算什么，我没有时间去回想"。他利用在资料室的四年时间，博览群书，全面恢复荒疏了18年的专业，研究了西方会计学发展的进程和规律。当改革的春风吹绿大江南北之时，常勋同志凭借他渊博的专业知识和扎实的英语功底，顺应改革开放的需要，抢先占领了国际会计专业的制高点，成为我国率先招收国际会计硕士研究生的导师。除本职教学任务外，他还为我国海洋石油系统、外贸系统、厦门经济特区培训了众多的涉外会计人才，为国家教委委托厦门大学举办的全国高校会计助教进修班、世界银行资助的全国高校国际会计和国际税收师资培训班，培养了能胜任涉外会计和国际会计教学任务的中青年师资，并成为全国高等财经院校中的主干教师。80年代，已经60多岁的常勋同志，似乎完全忘记了自己的年龄，强烈的事业心、责任感和无私奉献的精神使他一次又一次地挑起教学、科研、著述、实践的重任，成为一位把理论与实务融合为一体的难得的会计学专家，人们戏称他为会计学界的"两栖动物"。他的著述甚丰而每有新见，他编著的《现代西方财务会计》、《外商投资企业会计》、《高级财务会计》、《国际会计》等书，分别获得国家教委、财政部优秀教材奖，福建省社科研究成果奖、厦门大学优秀教材奖。常勋同志以他的23部专著和译著，41篇论文和译文折服了国内外的同仁，成为我国出席1987年第六次国际教育会议的五位专家之一，亚太地区会计学术研讨会1991年年会中国组执行主席。美国、加拿大、日本、新加坡等国纷纷邀请他去访问和讲学，香港城市理工学院聘请他当客座高级研究员。

（二）

年过花甲的常勋同志珍惜时间如同生命，为了事业的发展，他付出了巨大的努力，克服了常人难以想象的困难，没有节假日和休息日，忘我地工作。他密切关注国际会计学发展的新动向，并以深远的眼光和敏捷的思维，巧妙地把注册会计师的工作、学校的教学和科研有机地结合在一起。他清醒地预测了中国会计师事业的发展方向，于1988年以他为主创建了厦门大学会计师事务所。他在设计和贯彻审计质量控制制度以及坚持和完善反对平均主义的按劳分配制度方面的不懈努力，使事务所规模和执业水平得到快速发展和提高。十年来，会计师事务所从年收入30余万元发展到现在年收入1500多万元。1998年按照社团管理法，厦门大学会计师事务所与厦门大学脱钩，更名为厦门天健会计师事务所。此时的会计师事务所已具备从事证券、期货相关业务的资格，并能进行专业培训，制定执业规程、工作底稿等全方位会计师事务所作业功能，成为羽翼丰满的雄鹰驰骋在国内外经济主战场上。

（三）

常勋同志用心血凝聚的成果和人格的光辉赢得了社会的尊重以及党和政府的高度评价。他连续获得福建省五一劳动奖章、先进教育工作者、厦门大学教学科研成果最高荣誉奖——南强奖，国务院对有杰出贡献专家的终身津贴等荣誉。半个多世纪风雨历程，不管是顺境还是逆境，不管是荣还是辱，他总是以零为起点，不顾严寒酷暑，不管白天黑夜，日复一日，年复一年，一步一步地向上攀登着。1993 年，就在他 70 岁高龄的时候，再一次被委以重任，主政厦门华厦学院。这是一所由厦门市政协策划和倡建的一所民办大学。没有资金，没有校舍，没有师资，只有一张蓝图，厦门市政协主席蔡望怀慧眼识珍珠，一下就把目光投向这位七旬高龄的老人。他又一次以零为起点，风尘仆仆地上任了。创业维艰，筚路蓝缕。常勋同志认识到高素质的教师队伍是学校生命力之所在，他凭借自己的坚韧和智慧、人格和威望，吸收了一批财会专业的精英到华厦任教。为了抓紧宝贵的时间培养人才，他就边借校舍边招生边办学。在市委、市政府和热心教育事业的社会各界人士的大力支持下，在全体教职员工的努力下，经过五年的努力，一幢面积为 7343 平方米的教学综合大楼已经在厦门海滨拔地而起。学校的优秀师资队伍和严格的管理制度，已经在社会上初步赢得声誉。1996 年，该校经国家教委批准为高等教育学历文凭考试试点学校（全国 2000 多所，仅 100 余所被批准为试点校），1997 年，被中国成人教育协会民办高等教育委员会评为全国民办高校先进单位。"老骥伏枥，志在华厦"，常勋同志何止是为了华厦学院，他是在创一条全新的办学道路，在理顺民办教育的各种规程。从国立高等学府走出来的常勋同志，备感民办教学的艰难。他非常注意节约，文印的校对稿必须使用作废了的打印纸的反面。他从不向学校报销一分钱的市内交通费，从不在文印室里打印一份私人材料。他亲自参与和指导制定学校专业设置、教学计划、管理条例；和老师们坐在一起参加招生，制定录取线，商定录取办法。除了会议、出差或其他公事，他都准时到校上班。在生活上他很俭朴，经常与同志们一起吃快餐；老伴身体不好，不能做饭，他也只是买一盒快餐回去给老伴；他要求别人做到的，都先自己做到；他用无言的行动在教育和影响着全体师生员工。长者的慈祥和学者的威严融汇而成的独特魅力，像磁铁般吸引着华厦人，他们以有这样的校长而自豪。一面是穷当家，一面是大手笔，在学校建设上，常勋同志从不吝惜，基建不能不搞，教学设备不能没有，还必须是好的，图书室必须有足够的书……历经 2000 多个日日夜夜的艰苦摸索，学院初步建立了一套符合民办高校教育规律的教学模式和管理机制，组建起一支高素质的专职与兼职相结合、具有不同年龄层次和学术层次的师资队伍，逐步形成了自己的办学特色，收到了良好的办学效果。学校从只有 30 万元的启动费到拥有 5848.9 万元的净资产，从只有三个专业的 148 名学生发展到今天的八个专业近 1200 名学生，成为福建规模较大的一所民办高等学府。奖牌又一次挂在常勋同志胸前，1998 年，他荣获全国民办高校创业奖。

（四）

1998 年，正当厦大会计系、会计师事务所、华厦人和常勋的门生们酝酿着要为他从教 50 周年、执行注册会计师业务 10 周年举办庆祝活动时，他却在筹划着为华厦学院筹集名流图书基金。他婉言谢绝了同仁和弟子们为他祝贺的打算，并不失时机地把人们的好意引导到为华厦筹集 50 万元图书基金上来。他撰写了具有纪念意义的封笔之作《财务会计三大难题》，并将此书进行义卖，共筹得图书基金 65 万元，其中包括常勋同志任校长五年期间的全部工资连本带息 10 万元。常勋同志的高尚行为和无私奉献的精神再一次震撼了每一个人的心灵。常勋同志却在书的序言中平静地写道："我已着手准备从厦门大学会计师事务所和民办厦门华厦学院的领导层中退出来，在世纪之交把这两项我曾为之尽心尽力的事业移交给更有作为的继任人选。厦大会计师事务所即将脱钩改制，并已具备一定的业务基础，必将进一步发展壮大；华厦学院尚处在创业维艰的阶段，我在退出校长职位之前，还有一个未了的心愿，即为学院筹集 50 万元左右的图书基金（包括我历年捐献的校长工资累积本息 10 万元在内）……我已是 74 周岁的老人了，但愿在有生之年，还能继续为我国的高等教育事业和注册会计师事业，做些力所能及的贡献。"

常勋同志是民革优秀党员，他淡泊名利，为人师表，治学严谨，勤奋刻苦，他勇于开拓，无私奉献，在晚年他创造了一个又一个的辉煌。同时他又是一个极富爱心的老师，他关爱每一个学生。曾以自己的退休金资助两位家境困难的学生完成了学业。他计划将今年的院长工资转为奖学金，每年奖励全院最优秀学生 3～5 名。

（五）

常勋同志不仅是一位学者，同时是一位积极的社会活动家。从参加民革后他为坚持和完善中国共产党领导的多党合作和政治协商制度作出了自己的贡献。在任民革厦门大学总支主委时，他严格把关，既积极发展党员又切实保证新党员质量，他强调对全体党员要注意加强思想政治教育，提高政治素质，保证老一辈的优良革命传统和高尚风范能一代一代地传下去。在他的努力下，厦大总支于 1994 年进行换届，顺利完成了支部的政治交接。常勋同志还利用他的专业优势，积极参政议政，为高等教育，为国家经济建设出谋划策。由于对企业界的广泛接触，使他能从微观经济的角度指出旧会计制度中规定的外币业务处理方法在理论依据上的矛盾，以及由于漠视汇率变动风险而在国家税收、企业财务方面带来的诸多不利影响和弊端。在历时三年左右的全国性讨论中，他的观点被公认具有权威性，这对 90 年代初，财政部决定修订和废止旧方法，改用符合国际惯例的新方法的改革，起到有力的推动作用。他直言不讳，向有关方面建言，不仅要总结改革的成功经验，更要总结改革不成功的经验。他为企业的松绑、股份制的改革、国有企业资产的流失大声疾呼，并进行深入细致的考察，提出建议。出于对民办教育的关爱，1999 年 10 月常勋同志在中共厦门市委、厦门市人民政府征求关于贯彻《中共中央、国务院关于深化教育改革　全面推进素质教育的决定》的意见的双月座谈会上，对发展民办教育的思路和民办高校的收费问题提出精辟意见，引起厦门市长的重视，他的意见被吸收到市政府的有关决定中。

　　常勋同志是民革党员的榜样，他坚定的政治信念、敬业精神、广阔胸怀是值得我们学习的。常勋同志的先进事迹必将进一步鼓舞我省民革党员在各自的工作岗位上，高举邓小平理论伟大旗帜，为完成中共十五大确立的跨世纪的宏伟目标，为实施科教兴省的战略，为多党合作，实现中华民族的伟大复兴建功立业，再创辉煌。

民革福建省委会

（刊登于《福建民革》2000 年 2 月 25 日第 112 期）

附录三

常勋
——一个会计教授的传奇

《中国会计报》记者：罗晶晶

常勋 80 寿诞那天，百余名学生汇聚厦门为他举办祝寿宴会，祝福他的还有来自全国各地热情洋溢的贺电和散发着芬芳的花篮。

一年后，常勋这样形容当时的心情：应该说，那是我此生最值得庆幸和回忆的一刻，当晚追思往昔百感交集，很晚才入梦乡。在他 80 多年的漫长人生中，战乱时期穿越封锁线的传奇生活、解放后长达 20 余年的坎坷经历、改革开放后"创造一个辉煌晚年"的畅快和荣耀，都与一个个学生的名字交织在一起。

如今已是 86 岁高龄（按虚岁计算）的常勋，是我国知名的老一辈会计学家，是开拓我国国际会计教学和研究工作的先驱者之一，是兼顾教学和实务的典范。那天，他穿着一件白色汗衫，坐在一张高高的藤椅上，面朝窗外的大海，慢慢启开尘封的记忆……

从医科到经济系

"我本来一直想读理工科，学工程，但是最后不得不转人经济系。"

1924 年 5 月，常勋出生在江苏省常州市的一个普通市民家庭。常勋 3 个月大时，在海关工作的父亲就撒手人寰，他跟着母亲和 3 个姐姐长大。抗日战争爆发后，高中毕业的他没有直接考大学，而是穿越日寇封锁线来到抗日前沿地带做教育工作。

当时沦陷区青年大多撤到大后方去，但没多久日寇就对前沿地带进行扫荡，不到 20 岁的常勋差点丢掉性命。"几经辗转才逃回家乡常州。当时太平洋战争爆发，日本败局已定。于是我决定考大学。"那时，上海已经沦陷，国立大学都被定性为"伪大学"，常勋只能选择报考剩下的两所教会学校。

"上海圣约翰大学理工科不强，医科却鼎鼎有名，于是我就选择了它。"医科相对难考，但对于从小天资聪颖又接受了良好教育的常勋来说并非难事。

常勋的母亲不识字，但很开明。在他 6 岁时，就被母亲送到一所洋学堂接受小学教育，后来读的常州中学是江苏省有名的省立学校，而常勋是学校的佼佼者。

1943 年，常勋顺利进入上海圣约翰大学医科预科班学习。当时在上海圣约翰大学读书的学生有两类，一类是家里很有钱，开着小汽车来上课的学生。还有一类是半工半读的学生。常勋属于后者。"我高中毕业时，国民党军队从淞沪前线败退下来，日本人从昆山、无锡、常州、镇江一路烧杀到南京。常州城 2/3 被烧掉，闹市区全部被烧光，我家里祖传的老店也毁于日军之手。"

常勋虽因获得奖学金被免了学费，但高昂的实验费、解剖费让他望而却步，而且医科要读 7 年。当时大姐早已嫁为人妇，二姐又随姐夫远赴台湾东吴大学教书，断了联系，只有在合作社做会计的三姐拿着微薄的工资供常勋读书。懂事的常勋进入本科后毅然决定转入"出路好"的经济系。

4 年的大学学习让常勋打下了坚实的专业基础和英语基础。"那时没有专业概念，国际金融、国际贸易、工商管理、会计、统计都要学习，可谓基础扎实。至于英语，英语文学作品要读到《荷马史诗》，中文作品要一直追溯到《诗经》。"

英语翻译好手是这样练成的

"常老师的英语好生了得。"在记者向厦门大学博士生刘俊茹了解常勋时，她这样脱口而出。原来，虽然在上海圣约翰大学读书时，常勋的英语得到很好的滋养，但是真正能练就一口好英语，还是与他先后两次的翻译经历脱不了关系。

第一次是在上海圣约翰大学读书时，在美国合众社上海分社翻译英语电讯文稿的经历。"当时分社有两个翻译人员，一个是圣约翰英语系的高材生，也是我的好友，另一个当时另有高就，于是就有了空缺。"常勋经好友介绍参加应聘，顺利获得这个兼职机会。每天，常勋从下午五点干到晚上八九点。那时，工作量大，而且要求速度快，翻译完成后要马上刻板、印刷，然后提供给国内中文报刊。

《申报》国际版有个叫梅焕藻的编辑，英文很不错。对每篇外国通讯社提供的英文原稿和中文译稿他都要对照着看，有的加以修饰润色，有的连错误都改了，我们都很佩服他。所以我每天都要看《申报》国际新闻版，并拿它与自己的翻译进行比对，后来我和那位编辑成了朋友。"

就这样，常勋一直在合众社上海分社干新闻翻译工作，到解放初期当时的中央人民政府政务院发布命令要求外国通讯社一律停办为止。这个时候，常勋的英语翻译能力已经训练有素。

但常勋与翻译的缘分并未就此结束。1976 年，常勋结束劳改，重返厦门大学后的初期工作就是在经济学院资料室任《经济资料译丛》的专职翻译和编辑。"起初寄来的外稿没有稿费，所以没人投稿，我只好一个人来翻译、编辑。"但也因此，这本《经济资料译丛》当时被戏称为"常勋译丛"。18 年没有碰过专业了！当时厦门大学订了很多外文刊物，常勋如饥似渴地边选译边拾回丢弃多年的专业，有不了解的就去找参考资料，直至弄清专业词汇的意思。一年后，《经济资料译丛》开始付稿酬吸收外稿，对每篇来稿常勋都要认真地进行校订。

上世纪 80 年代中期，无论是美国民间访问团来福建省财政厅访问，还是外教给全国高级管理干部培训班上课，年高 60 岁的常勋都出色地完成了现场翻译。当时的培训班学员、后来担任过中石油总会计师的贡华章走过来说："常老师，我真佩服你！"

常勋从翻译开始，不断把国际会计介绍到国内。他先后有《美国会计史》、《国际会计》、《现代会计手册》、《国际会计学》等 16 本译著，并编著了《西方财务会计》、《国际会计》、《外商投资企业会计》等 23 本教材，成为我国开拓国际会计教学和研究工作的先驱者之一。

阔别讲台的那 22 年

"对当时那份在美国合众社上海分社担任新闻翻译的工作，也许有些人会把它当作之后的职业。"

"翻译只是副业，主业还是教学。"常勋很坚定。

在上个世纪 60 年代，常勋在福建省龙岩市青草盂农场水泥厂劳改时整天挑生料，一米七八的个头，最多能挑 190 多斤。"晚上，累了，只是躺在床上。"

"您在想什么？事业？"

"哪里还有什么事业？！当时有我作的一首打油诗为证，其中一句是'葬骨青山未了愿'，准备死后葬在劳改队了，不会想未来！"

"那之前您的愿望是什么？"

"当大学老师，教好书。"

早在上海圣约翰大学读三、四年级时，常勋就当起了学生助教，一个人站在讲台上回答问题，辅导一年级学生学会计基础课程。

1948 年，常勋并没有像经济系其他学生一样去收入很好的毛绒厂、海关、官僚资本大企业等地方工作。因为成绩好，他毕业时收到了上海圣约翰大学的教员聘书，教授基础会计学。

解放后，人民翻身做了主人，像常勋这样的旧知识分子成为了改造的对象。

1951 年，常勋进入华东革命大学政治研究院接受改造，交代历史，并于半年后结业。1952 年年初，他被分配到山东会计专科学校（后扩大为山东财经学院）。"寒冷的冬天，一声令下，我和家人卷起铺盖就出发了。而且没有旅费！"常勋这样回忆当时的情景。

来到济南，常勋必须抛弃过去熟悉的那一套西方会计理论，开始风风火火学习俄文和苏联会计，并边学边讲。对于那段经历，常勋至今回忆起来还很自足："学生说别的老师讲课听不懂，常老师讲的课我们听得懂。"

但好景不长，1953 年秋季学期华东地区高等学校院系调整，新建的山东财经学院下马，5 个年纪较轻、业务较好的教师被挑选到正处前线的厦门大学任教。"没有个人选择！"来到厦门大学经济系后，常勋的课依然受到学生的欢迎，并很快被评定为"讲师"，而当时经济系从事会计教学的副教授不过 2 人，讲师只有 1 位。

然而，还来不及享受这些"愉快"，苦难顷刻间降临。因为历史问题，常勋原本被处理为"留在原工作单位继续改造"，但在 1958 年"肃反纠偏"运动中，有一天，经济系的座谈会正开到一半，党委办公室来人叫常勋出去，并立即宣布处理决定为"劳动教养"。等到第 3 天，检察院宣布将其"逮捕"，判处有期徒刑 6 年，实行"劳动改造"。

"处分连升 3 级，我在想怎么会从 13 层楼（厦门当时的最高楼层）掉到底层呢？"常勋在上海圣约翰大学读书期间参加过三民主义青年团（简称三青团），党团合并后任国民党上海新城区执行委员，自然成为了当时的肃反对象。但在那时，还没等常勋反应过来，他已经被套上了手铐，来到了福建省龙岩市青草盂农场。

"在劳改队表现好，家人在外面的日子就好过一点。"常勋抱着这样的想法积极劳动。但是一劳改，就阔别讲台 22 年。

22 年后，机会来得让人有些喜出望外，如同 22 年前坠下底层那般突然。1980 年秋季学期，常勋在厦门大学恢复教学，而且一直授课到 80 岁。

经营会计师事务所的学者

"人活着总要干活的，否则就没有意义了！"这是常勋的座右铭。

1980 年，常勋彻底得到平反，"恢复原职原薪"。"越是失掉过机遇的人，越会觉得机遇之可贵"，他的激情在压抑多年后被空前释放出来。那一年，常勋重返厦门大学经济系的三尺讲台，后又率先在国内招收国际会计方向的硕士研究生，并为我国海洋石油系统、外贸系统、厦门经济特区培训了数万名涉外会计人才，培养了能胜任涉外会计和国际会计教学任务的中青年师资。

1985 年，常勋成为厦门大学率先取得注册会计师资格证的老师，以至于 1988 年厦门大学经济系在创建厦门大学会计师事务所（即现在的天健光华会计师事务所厦门所）时，常勋自然而然成为第一人选，担任主任会计师。

有人称赞他是把理论与实务融合为一体的难得的会计学家，常勋也戏称自己是"两栖动物"。他向记者解释道："我其实是想强调，会计系老师如果有实务经验，就能有许多源自实际的真实案例，讲课会更生动、更好。"

既作为教师又作为 CPA 的"两栖经历"，让常勋讲起课来游刃有余，并能广泛结交友人。以至于 1993 年在创办厦门华厦学院时，时任厦门市政协主席的蔡望怀"三顾茅庐"，非请常勋担任校长不可。"第一次、第二次我都拒绝了，教学和事务所的工作让我忙得脱不开身。第三次，下着毛毛雨，蔡望怀冒着雨又来到我家，我拿着一把伞赶快出去把他请进来。"常勋被感动了，只好答应下来。

既然答应下来，常勋便不遗余力，在办学前后的四五年间几乎封笔，而这所纯民办高等院校因其优秀的师资队伍和严格的管理制度早已在社会上赢得声誉，并成为当时教育制度下一个很好的补充。

"但是，常老师从担任校长第一天起就没有领过工资，而是将其捐赠给学院购买图书。后来他把结余的10万元以助学基金的形式捐给了学生。"常勋的弟子、天健光华（北京）会计师事务所首席合伙人陈箭深说了一些常老师对外从不提及的事情。

从1980年到2003年这23年间，常勋承担了繁重的教学工作，同时经营会计师事务所。2003年，常勋才完全退休，但至今依然笔耕不辍。

常勋得到了学界和会计业界的广泛认同和尊敬，享有很高的声誉，正如他期盼的那样，"创造了一个辉煌的晚年"，成为他"一生中最值得珍惜的岁月"。

陈箭深：老师的座右铭是我做人做事的准则
《中国会计报》记者：罗晶晶

"老先生在为人方面，近乎完美。"这是常老的弟子、天健光华（北京）会计师事务所首席合伙人陈箭深对老师最深刻的印象。

陈箭深很忙，但听说记者要了解常老的事，他欣然应允。从进入厦门大学至今，陈箭深与常老的深度接触一直没有间断过，他和黄世忠（现任厦门国家会计学院副院长）也一起被常老称为自己的"左右膀"。

陈箭深记得，在常老80寿诞的庆生宴上，黄世忠说过这样一句话："如果有人对常老师在专业、学术方面有所评论的话，我并不在意，但是如果哪一位对常老师的为人有议论，那我就跟他没完！"

"你认为常老师对你最大的影响是什么？"

"做人！"陈箭深脱口而出。常老的座右铭"人活着总是要干活的，否则就没有意义了"，一直指引着他前行。

"老人家淡泊名利，无论是做老师还是在事务所工作，追求的不是名、利本身，仅仅是一种追求。如果你见到我大师姐、对外经济贸易大学教授余恕莲，你会发现她非常低调，这就是因为她深受常老师的言传身教。事实上，她资格很老，底蕴很好。"

"他身上还有一种知识分子敢说真话的正直感。"陈箭深还记得，2002年2月16日，北京国家会计学院诚信教育"教材开发组"在厦门大学举行教授、专家座谈会，常老在会上慷慨激昂地就"诚信危机的根子到底在哪里"这一议题作了一番激情四溢的讲话。常老把大家不敢说的话说了出来，这让陈箭深深感佩服，至今难以忘怀。陈箭深还收藏了讲话全文。

常老在学生中的好口碑是出了名的。"他非常爱护学生。对学生很民主，待人平等，鼓励学生有自己的思想，并要从根上去思考问题，这些都深深影响着我们事务所的治理理念和工作氛围。"

陈箭深还记得在第一堂课上，常老就要求大家"要知其然，还要知其所以然"，要注重"概念基础"。务实、实事求是、要有专业上的正直性，这对陈箭深后来管理事务所帮助特别大。

"如果新的会计准则出来，我们会用批判而不是挑剔的眼光去看它，从根子里去判断对还是不对，不盲从。我们不在乎批判什么，批判的结果是什么，我们关心的是它的正确在哪儿。"

陈箭深说把自己引入事务所行业的也正是常老。出于"师生间的默契"，他一直在事务所干到至今。陈箭深和黄世忠曾经写了一篇题为《我们衷心崇敬的老师——常勋教授》的文章，并将该文刊在《财务会计四大难题》第三次修订版上，以此表达对老师深深的敬意。

说到这儿，陈箭深一时语塞："我只知道，在我长大成人以后，从我个人成长来看，他起的作用比我父亲还大。"

陈箭深只是常老众多学生中的一个。常老80寿诞那天，有一封来自他的学生、曾任财政部会计司总会计师的庄肇嘉的贺电这样写道：

祝贺常勋教授八轶大寿——忆圣约翰大学时期的常老师

风华正茂　仪表堂堂
光明磊落　胸怀开朗
博学多才　知识无量
为人师表　治学有方
京剧艺术　优雅洪亮
满堂师生　齐声颂扬
勋绩常在　地久天长
崇高形象　永放光芒

——庄肇嘉

（《中国会计报》2009年8月14日第9版——"财智人生"）

附录四

常勋
半世囹圄　一生跋涉

作者：王宁　编辑：Qiaobocao

编者按　2013 年 5 月 20 日，"会计口述历史"项目组对 90 高龄的厦门大学常勋教授进行了一个半小时的视频记录，常老硕士生、致同会计师事务所合伙人管理委员会主席陈箭深，厦门国家会计学院黄世忠副院长及信息部，常老的家人常煊、常亮等为本次口述提供了协助。本文系根据采访视频速记稿整理而成，已经常老审核。有关会计口述历史详情，请点击这里，或关注我们的新浪微博@"会计口述历史"。

　　他在青壮年时身陷囹圄，他在天命之年重返讲台、著书立说，他在六十五岁开办会计师事务所，七十岁高龄担任华厦职业学院首任院长。他在中国会计、审计改革开放征途上老骥伏枥，志在千里。这是一段横跨九十年的漫长岁月，从抗日战争到解放战争，从十年浩劫到改革开放。厦门常勋先生家中，我们的视野随着这位 90 岁老人的回忆延伸到远方，那是一个会计学者在时代变迁的大潮中，用生命承载的专业传奇故事。

圣约翰的记忆

　　上世纪 40 年代，上海圣约翰大学。这是一所美国教会学校，在当时的上海，爱国青年们不愿意就读汪伪政权下的国立大学，让国外教会大学的招生繁荣起来，常勋也就走进了这座美国教会学校学习会计。这段求学经历是弥足珍贵的，也是他后半生重新开启事业之门的一把钥匙。"圣约翰大学当时经济系的主任叫赵绍鼎，那是有名的会计专家，所以我就因为进了圣约翰，赵绍鼎又是系主任，因此就学会计了。"在圣约翰大学里，常勋遇到了他的恩师赵绍鼎先生，并在毕业后追随着他一路在华东军政大学共同学习，又辗转山东财经学院去教书。

恩师难忘，当我们问起在他老人家一生中最难忘的人时，他的回答是自1953年就无缘再见的赵绍鼎先生。显然，这位在"十年浩劫"中含恨离世的老师一直让他耿耿于怀，不能忘记。是啊，青年时代的相濡以沫，乱世之中的两地相隔，那些音信渺茫而久别不能重逢的朋友怎么能不成为人生中最刻骨的追忆呢？

在采访中，常老向我们介绍说，从教材到授课，圣约翰大学的教学是全英文的。也许那时候他并没有想到，这段坚实的英语学习，带给他的人生影响是祸福相依的。翻译工作一方面是他背上反上革命罪名锒铛入狱的诱因之一，但另一方面又成为他后半生事业中的福音，常勋后半生事业的辉煌成就与英文优势一直密不可分。

身陷囹圄中的劳动生活

"半生坎坷，我这一辈子坐过两次牢，日本人的牢房，还有就是人民政府的牢房。坐过两次牢，判过两次刑。"这是常老对自己前半生的评价。也许这是那个时代的人特有的烙印吧，打过鬼子，也蹲过冤狱，这样的经历是我们这些后辈所无法想象的。在追忆这段历史的过程中，他只是那么平静地诉说着，不知道是因为太久远了，还是个中滋味，一言难尽。

"当时厦门经常有空袭警报，紧张的时候，上课不在教室里面上，南普陀后山有十多个山洞，哪个山洞都不小，就在山洞口上课。"1953年，常勋在山东财经学院解体后，被分配至厦门大学任教，常老的这段描述是他初到厦门教学的真实生活写照。在时局慢慢稳定下来后，常勋的事业似乎也开始起步，1955年他已经成为厦门大学中为数不多的讲师之一。似乎这位年青的教师，已经叩响了幸福生活的大门，但还没等他走进去，突然间已经是风云突变。1958年，常勋在肃反纠偏运动中被捕，六年后，虽然刑满释放，但因为厦门在那个敏感时期属于海防前线，所以他仍然被滞留在龙岩劳改农场就业。"那个时候怎么学习呢？"当我们问到这样问题的时候，老先生说，"哪有什么学习，没有学习。"那是个劳动的场景，在龙岩溪南煤矿，这位饱读诗书的学者，过的是一天天挑煤、装煤的日子，"一天装一百八九十车，人都要累倒下去了"，常老这样说。

三十岁至五十岁，一个人最宝贵的青壮年时代就在这种日子中消磨殆尽，没有书，承载生命能量的只有汗水，很难想象在那些日子里，人们寄托精神的又是什么呢？谈及此处时，这位老先生显得很乐观，"我这个劳动锻炼还是非常过关的。"

重拾讲台荣耀 埋头著书立说

近20年后的1976年，常勋落实政策后被遣返回厦门，终于回到他熟悉的校园，但是因为当时"文革"刚刚结束，学校里对他这个曾背着反革命罪名的人还存在一些异议，所以他只被安排到资料室工作。在资料室，他开始重新拾起专业，并利用自己的英文特长组织编写了《经济资料译丛》。这本将外国的经济理论翻译过来的杂志，在当时产生了很大的影响。

再次走上讲台是四年之后，当时国家在大连工学院（现大连理工大学）办了一个培训班，并从全国抽调会计学者。在这种机遇下，常老跟随厦门大学的葛家澍、余绪缨两位老师一起到了大连，并在那里认识了他的合作伙伴——对外贸易学院的陆祖汶。这次相识也成为两人在后期合作翻译出版《国际会计》的机缘。

走上讲台不久后，因为中国与加拿大的合作项目，常老又获得了去加拿大学习深造财务会计的机会。当时国家高教部在全国物色人才，教育部系统去了两个人，其中一个就是厦门大学的常勋。经历这次旅程归国后，系里安排他去开辟国际会计的教学。慢慢地，他主攻的会计专业方向逐渐明朗起来。

当时的大学，专业划分并不像现在这样细致，很多情况都是待学生完成基础学业后，在研究论文的阶段才开始有所谓的专业方向定位问题。在这种背景下，虽然并没有一个准确的专业定位，常老在他的工作领域中，通过培养出这个方向的人才，逐步明确了国际会计专业的定位，并正式以这个专业的名义招收研究生，常勋也就成为我国率先招收国际会计硕士的研究生导师。

他在回忆这段经历的时候说："回来之后就是搞财务会计，本来余绪缨老师是希望我去搞管理会计，这样出去转一转回来，葛家澍教授希望我去搞财务会计。那时还没有什么国际会计，但是我在财务会计这个领域里面研究的方向现在讲起来就是国际会计了，就是搞国际之间的对比，这样一个研究方向。那么后来会计国际化了，才要运用国际会计这个名称了。"

教学工作开展的同时，常老在那个时期写了很多与国际会计相关的文章及书籍。1984 年开始，《会计专业英语》、《西方财务会计》、《中外合资企业会计》陆续出版，均在业界产生极大影响。80 年代，随着我国改革开放的进程，国家开始重视并推行双语教育并开始对中外合作经济业务的会计问题进行立法，所以这些书籍成为在当时奇货可居的教学资料，发行量也不断增长，其中《会计专业英语》即取得了一年近两万册的发行量。

开办事务所　创建华厦职业学院

80 年代末期，中国注册会计师行业的立法进程还未起步，那时的大学院校中，兴起一股会计系创办会计师事务所的潮流。在当时最有名气的有三家，包括上海财大的大华会计师事务所、厦门大学会计师事务所、辽宁财经学院（现东北财经大学）的光华会计师事务所，其中的厦门大学会计师事务所就是由常勋创办的。

　　"我记得是1988年10月10号成立的，厦大所注册资金应该是三万块钱，是厦大会计系自己创收的一笔收入。拿这三万块钱注册，地点就是当时经济学院二层。"1988年至1998年，常勋一方面仍然在厦门大学担任教学工作，一方面主持、管理着会计师事务所的业务。那时候事务所的业务人员也都是学校的老师兼职去做，第一笔业务也是老师介绍来的。

　　在中国资本市场起步初期，大学里创办会计师事务所，是注册会计师这个新兴的会计审计服务行业的一股知识催生力量。学者们通过开办联谊会、探讨行业热门议题的方式把讨论结果记录下来公开发表，这些资料积累下来，也就成为那个年代审计行业指导实务的理论雏形。几年后，财政部正式成立了独立审计准则起草小组，当时中方专家咨询组的委员也就多半来自这一时期活跃的专家学者们。常老也积极地参与到审计准则的制定过程中去，并从第三批审计准则制定开始，担任中方小组的负责人。

　　就在常勋管理厦大会计师事务所并参与中国注册会计师独立审计准则立法的这段时期，又一个任务接踵而来。那是1992年，当时的厦门市政协从为民办事的角度出发，准备成立一所民办职业学院，时任厦门市政协主席的蔡望怀先生希望常勋能够承担起组建这个学院的责任。此时，年近70岁的常勋身兼数职，婉言谢绝。蔡先生三顾茅庐，在最后一次冒雨再访敬贤楼（当时常老在厦大住处）时，终于使常勋万难再辞，接下了这个任务。蔡望怀先生对常勋负责创办华厦职业学院的期待是有先见之明的。学院创建初期，从资金、招生到校舍筹建都遇到了很大的困难，但却因为常勋的影响力，聚集了一批有才干的师资力量，在各方努力之下才使得这个民办大学的新兴事业生存并发展起来。

　　常老回忆说："当时聘请的师资在厦大来讲，也是属于一流的。"尽管常老在采访中并没有多谈当时办学的困难，但我们仍然可以想象在那个时期，在人们对民办教育还缺乏理解和认识的背景下，常老是如何为这项事业鞠躬尽瘁的。

　　人生百年，跨越时间的长廊，回首之间已然风云变幻，风起云涌中那些记忆在依稀仿佛间，又再一次浮现于眼前。大概在常勋的人生旅程中，多半都是服从安排，重返教育是服从安排，专业选择也是服从安排，创办事务所、创建华厦学院都是服从安排，只是在这种被动服从之下，他却主动把创新的火花赋予每项事业当中，在多项会计事业上开历史之先河，不惜余力地为会计、审计事业的发展奠基。弹指一挥间，风风雨雨的90年过去了，当我们问及他对后辈的期望时，他说："好好工作，报效祖国。"

（来源于中国会计视野网，2013年8月13日）

附录五

常德泽于后世　勋业永在人心

——追忆我国著名会计学家常勋教授

《财务与会计》中国财政杂志社

编者按　2017年1月8日，我国著名会计学家、教育家、厦门大学管理学院会计学系常勋教授辞世，享年93岁。常勋教授是我国国际会计教学和研究工作的先驱者和奠基人之一，他编著的《会计专业英语》、《西方财务会计》、《外商投资企业会计》和《国际会计》等均是我国改革开放以来该方面的第一本教材，为国家培养了大量涉外会计人才。他擅于将理论与实务相结合，并于1988年主创厦门大学会计师事务所，带领厦大事务所成为当时国内执业水平较高的事务所之一。常勋教授半世坎坷，一生跋涉，但他始终豁达乐观，心向未来。他的率直、坦然、淡泊、谦逊、平易、包容，从多维度体现了中国知识分子的秉性与情怀，也以润物无声之态影响了其身边的很多人。为了缅怀常老，本刊编辑部特邀常老生前同事、好友、弟子共同撰文，追忆其作为老师和学者的高尚品德和大家风范，希望后人从中找到前行的标杆，接续的动力。

黄世忠：一身正气　豁达人生

这些天来，在为尊敬的常老师离世而感到悲恸之余，那些三十年来与常老师交往的点点滴滴不时涌上心头。临纸感哽，不知何言，艰难下笔，以祭师恩。

第一次遇见常老师，是在1981年，那年我19岁，负笈求学。当时，常老师给厦门大学

1979级会计学生上"会计专业英语"。讲台上的常老师声若洪钟，风度翩翩，气宇轩昂，谈笑风生，令我们一众男生女生仰之弥高。直至四年后，毕业之际，我们班的同学才偶然得知常老师那时刚刚结束长达20多年的牢狱之灾。错愕之余，是深深的敬佩。从青壮年开始就遭受炼狱般的磨难和不公平的对待，却在知命之年还能有如此爽朗的笑声，足见常老师的胸襟之大！命运待他不公，耽误他二十多年的好时光，重返教职后，却著作等身，高瞻远瞩，开启我国国际会计研究领域的先河，足见常老师的学术功底之厚！而在之后的花甲之年，常老师指导弟子创办会计师事务所，在古稀之年，心系教育，出任厦门经济特区第一所民办大学校长，硕果累累，泽被后人，足见常老师教育情怀之深！

作为弟子，有幸追随常老师十余载。在实务方面，常老师一直是我的师傅。常老师1988年创办厦门大学会计师事务所（简称厦大所），那年我26岁。自此，姚立中、陈箭深和我，就一直是他精心栽培的徒弟，正是在他耳提面命的教诲下，我们最终都成长为厦大所的骨干。厦大所改制为天健会计师事务所（简称天健所）时，常老师和葛家澍老师又出任高级顾问。作为事务所的引航人，常老师不仅建章立制，而且对晚辈的业务悉心指导。记得厦大所成立不久，便承接了新加坡大华银行厦门分行的审计业务。那时既没有审计准则，也没有审计程序，我们又是第一次接触银行审计，银行高管对我们的业务能力将信将疑。面对挑战，常老师不轻言放弃，凭借解放前积累的丰富执业经验，虚心了解银行的业务流程，亲自拟定银行的审计方案，最终不仅带领我们高质量地完成了审计，而且还就如何改进该行的业务流程和财务核算提出了很多好建议，得到该行的高度认可，外方行长甚至破例在中山路的绿岛饭店宴请我们。常老师这种迎难而上、求真务实、理论密切联系实际的做事风格，对我们这些弟子产生了深远的影响。这些年来我偏好合并报表、公允价值和金融工具的教学与科研，就是常老师毕生研究财务会计四大难题的精神对我产生影响的印记。

在厦大所与常老师朝夕相处的岁月里，我们有幸与常老师无话不谈。在我们的恳求下，常老师偶尔也会跟我们谈起那段不堪回首的岁月。在我的记忆里，每当谈到受迫害的往事时，常老师从不口出怨言，也从未指责任何人，对祖国总是一往情深。回忆完往事，常老师常说，比起其他人，特别是他的圣约翰校友，他已算幸运，都过去了，要朝前看！我想，常老师这种不怨天尤人、以德报怨、开阔豁达的人生观，于己是中国历代知识分子所推崇的一种随遇而安的超然心境，于祖国则是一腔甘于奉献、情真意切的拳拳赤子情怀。

待人方面，常老师宽宏大度，做事方面，却一身正气，从不迁就妥协。上世纪80、90年代常老师主持厦大所，当时注册会计师的执业环境相当恶劣，利用回扣拉客户之风十分盛行，出具虚假报告时有发生。面对行业的不正之风，常老师给厦大所定了严明规矩：不给回扣，不得作假。受常老师这种浩然正气的熏陶，厦大所坚持原则、坚守操守。正是常老师树立的"以优质服务赢得客户，以职业道德取信于社会"的经营理念，带领厦大所后来居上，迅速成为福建省规模最大、信誉最佳的事务所。后来厦大所根据财政部的要求脱钩改制，我有幸与姚立中、陈箭深等一起创立了厦门天健所，常老师的经营思想在天健所得到传承，发扬光大，那年我 36 岁。常老师的弟子们常说，我们做事务所最自豪的是，不给回扣，从不作假！我们做事务所最荣幸的是，拜常老师为师，学习他老人家的为人处事！

天地宇宙，博大苍茫，一身正气，豁达疏朗，在我心里常老师并没有离开。

（作者单位：厦门国家会计学院）

李登河：勤勉敬业　求精务实

当我从蔡淑娥教授的电话中得知常勋教授辞世的噩耗后，不由自主地跌坐在椅子上。作为常教授曾经的同事，那些与他一道工作的往事一时间涌入脑海，久久不能散去。

上世纪 70 年代末，常教授除了担任厦门大学经济系《经济资料译丛》期刊的校对和编辑工作之外，还受中央广播电视大学委托主编《西方财务会计》教材，参与经济系为石油部举办的会计培训班的教学，主编《中外合资经营企业会计》教材兼主讲授课等工作。当时厦门大学经济系财务会计教研室（当时会计系尚未独立设系）为了适应改革开放新形势的需要，急需对会计教材进行更新。在余绪缨教授的牵头下，教研室组织翻译了美国威斯康星大学编纂的《会计原理》教材，常教授除了担任该书其中五章的翻译外，还负责对全书各章的译文进行详细的校阅和修订。可以说，从那时起，常教授就重新回到了会计教学工作中。当时我担任"中外合资经营企业会计"课程的辅导老师，有一天中午，我去找常教授，他正在准备下午的讲稿，他说工作太忙，没时间备课，只能利用中午的时间。我说，您太辛苦了，一个人要干几个人的活，要保重身体。他说，人生在世，只有多干活，才对社会有用啊！常教授这席话使我感慨良多。常教授半生坎坷，由于历史原因在年轻时未能施展才华，现在年纪虽然大了，有机会为国家贡献才智他仍然十分乐意。他的爱国情怀令我十分感动。

1987 年 2 月，由常教授主编、中央广播电视大学出版社出版的《西方财务会计》正式出版了，但该课程的讲课录像尚未配齐。当年暑假，常教授受邀担任该课程的主讲教师，我作为常教授的助手，有幸陪同他前往北京，主要参与整理资料和制作图片等工作。当时中央广播电视大学刚创办不久，许多方面尚不完善，我们被安排住在北京师大附中招待所，用餐则到该校学生食堂，条件确实艰苦。该课程的讲课录像需在暑假期间完成，时间紧，任务重。我们除了星期天休息，从星期一至星期六每天下午都要进行紧张的录像，每天的上午和晚上则是备课时间。当年的常教授身体还算硬朗，但毕竟已过花甲之年，我真担心这么重的任务他能不能吃得消。但常教授以惊人的速度备课，快速完成讲稿的准备，其工作效率之高让当年我们这些年轻人也望尘莫及。下午他连续讲两节课，按照录像师的要求，讲课进度不能有分秒的误差。在强光的照射下录像，讲课的紧张程度与在讲台上面对学生授课是无法相比的，然而常教授始终以饱满的工作热情加以对待。他说，讲课的效果如何不仅代表个人，更是反映厦门大学会计学科的水平，我们一定要认真做好。在整个录像过程中，只要发现口误或时间误差都要推倒重来。常教授主动配合录像师的指挥，不厌其烦，重新录好，从而保证了录像的质量。常教授艰辛的付出，终于结出丰硕的果实。他为中国高等自学教育奉献了一本高质量、有影响力的教材，为众多研究中国会计国际化问题的学子打开了一扇知识大门。

常勋教授，我们永远怀念您。

（作者单位：厦门大学管理学院会计学系）

张连起：无常即有常

世事无常，长者逝矣。2017年1月8日早，从网上得知常勋教授离世，我心伤悲！常老音容笑貌，宛在目前。我情绪低沉中写下挽联，寄托无尽哀思："齿德产推尊，半世坎坷，一生跋涉，常态如此平易；斗山今安仰，百炼学术，千磨实务，勋业这般灿然！"（齿德，指年龄与德行；齿德产推尊，意即年高德劭带来的公推尊敬。斗山，指后学；斗山今安仰，即后学今天共同仰望）。

常老的身上，有着老一代知识分子共同的精神气质和人生味道。这种气质和味道，是"手工制作"的遗存，而非"流水线生产"的千人一面。

1998年夏天，常老为了做一个关于会计师事务所治理机制和质量控制的课题，来到我所在的岳华会计师事务所进行调研。这是我第一次近距离接触常老（在这之前读过他的书，见过几面），他的勤恳、恬淡给我留下难忘的印象。我为年逾七旬的他仍奋斗在一线的专业情怀所感佩。中午我们在一起餐叙，交谈甚欢。常老是一位资深京剧票友，我也喜爱传统京剧。兴之所至，我还清唱了京剧《赤桑镇》选段。

后来与常老的接触逐渐多了起来。1998—2003年，我作为独立审计准则起草组成员，与担任专家咨询组成员的常老交流次数较多。他在讨论会上的发言都是从专业的立场出发，从不照抄照搬、居高临下。这个期间的交往，常老的为人处世和专业精神对我启发不小，也进一步坚定了我从事会计审计和经济研究的志向。

在常老身边发生的一件事让我至今记忆犹新。2002年1月，北京国家会计学院诚信教育"教材开发组"在厦门大学举行了教授、专家座谈会。针对当时的热点"会计诚信问题"，常老在座谈会上直截了当地追问："诚信危机的根子到底在哪里？"他鲜明地提出了自己的观点，言辞似显激烈，随后网上就有文章对常老的话进行了断章取义的报道。常老认为相关报道对他发言的取舍不准，与他的本意有距离。于是他想做一点澄清说明。当时我正好和常老在一起开会，会间我对常老说，您口述，我帮您整理。最后整理的文稿以"常勋：想再说一说"为标题，发表在中国会计视野网站。

常老把自己的专著《财务会计三大难题》一书赠送给我，这本书是他对合并财务报表、外币折算和物价变动会计多年研究的结晶。他在此书的扉页上，以"连起兄"称之，让我愧不敢当，也为他平易亲和的人格魅力所感动。我曾和中国注册会计师协会副秘书长杨志国等同仁到厦门给常老祝寿，在常老90岁生日时，我送给他一副寿联（上联：常寿图福报；下联：勋业秉华丹），以此表达我对常老的祝福和敬意。

常老一去，老一代文化记忆几成绝响，思之不免怅然若失。在常老身上，多维度体现了中国知识分子的秉性与情怀：永远向着阳光，永远充满正能量。他勤勉、专注、平易，不偏执、不懈怠、不浮躁，他的人生，是一部近现代会计审计史的叠印。我们今天缅怀常老，不只在于如何做专业，更在于如何做人。他阅尽千帆但内心如恒，以无常之心做有常之事，半世坎坷，一生跋涉，伤痕累累，从不怨怼。凡脚步走过必留下印记，他办会计师事务所，建民办大学，做出了对于普通人而言实在不普通的勋业！

今天我们缅怀常老，我想更多的是缅怀正在消失的文化记忆，是向"不以物喜、不以己悲、不懈怠抱怨、不固步自封"的人格魅力致敬，是期待找到真正的文化自信。如今，我们这一代人的人生也进入了下半场，我们是谁？我们从哪里来，到哪里去？我们该怎样精进事业，怎样建设人生？常老给了我们前行的标杆，也给了我们接续的动力。我们应当书写属于我们这一代人的专业精神史，不容留白。

[（作者单位：瑞华会计师事务所（特殊普通合伙）]

胡少先：敬业乐业　达观谦逊

2017年1月8日，惊闻常勋老师驾鹤西去，虽高寿仙逝，仍悲痛难过。屈指算来，我与常老交往已有20多年了。回忆往事，记忆犹新，兹记录如次：

上世纪80年代后期和90年代初期，我所在的会计师事务所主要客户仍然集中在外商投资企业。为提高企业会计核算工作水平，我所每年举办一至二期外商投资企业会计培训班。培训班所用的教材就是常老编写的《中外合资经营企业会计》。这本书，重点分明，内容务实，通俗易懂，深受学员欢迎。虽未曾谋面，但在我内心对常老非常崇拜，因为常老实乃改革开放之后我国国际会计理论研究和涉外会计实务操作相结合的第一人。

1998—2004 年，我被财政部聘任为独立审计准则第三届、第四届中方专家咨询组成员，而常老又是咨询组第三届的代组长、第四届的组长，有幸在常老的领导下参加咨询会议，对我来讲也是学习的好机会，开阔了眼界，增长了见识。通过这段时间的接触，一位专业造诣深厚、文字功底高超、身材魁梧又和蔼可亲的会计泰斗形象已深深地印在我的脑海里。

为响应财政部、中注协提出的创建中国注册会计师行业民族品牌的号召，1998 年，常老大力支持深圳朱琪珩、北京陈建明、厦门黄世忠和我等 8 人共同发起组建设立天健会计师事务所（简称天健），天健敦聘常老为高级顾问。常老在担任天健高级顾问期间（1998—2004 年），多次受邀出席合伙人年会和专题研讨会，积极推动天健集团一体化，适时提出一些建设性建议，甚至参与天健内部执业规范的制定工作。其认真负责、敬业乐业的态度及生命不息、奋斗不止的精神让我终生难忘。

为了做好天健建所 30 周年系列纪念活动，出版《天健文集》和《天健建所三十周年纪念册》，2013 年 8 月 22 日，我专程赴厦门拜访常老。坐在轮椅上 90 高龄的他，仍精神矍铄、满面春风，谈起天健历史，满含深情，娓娓道来，并对天健未来寄予厚望，给了我慈父般的勉励。不料此次拜会竟成诀别。

有一次，在谈起自己解放前后两次身陷囹圄的经历时，常老半开玩笑风趣地说："国民党说我左，共产党说我右，我是左右不是人啊。"如此豁达乐观、不计前嫌、面向未来的人生观，感人至深，钦佩之至，影响殊深。2007 年，常老将出版的新作——《注册会计师业务研讨》邮寄给我，并在扉页上亲笔题写"少先首席合伙人指正"。一位德高望重的长者，对待晚辈尚如此谦虚，不敢担当，深感惭愧。

桩桩往事如昨，常老音容宛在。遂吟八句，以寄托哀思。

> 云山风度宛苍松，老当益壮夕阳红。
>
> 社会审计呕心血，民间教育济世穷。
>
> 三尺讲台启智慧，一支粉笔贯西中。
>
> 九旬坎坷人生路，两陷囹圄亦英雄。

（作者单位：天健会计师事务所）

冯秋英：严谨治学　热心助人

2017 年 1 月 11 日，在庄严、隆重的仪式中，我们以万分悲痛和不舍的心情，送别了恩师常勋教授。

此刻的我坐在电脑前，恩师生前的历历往事又一幕一幕浮现在眼前。我再也控制不住自己万分悲痛的心情，又一次泪流满面。

我与常勋教授的师生缘始于 1982 年。当时，我作为郑州航空工业管理学院一名刚毕业留校任教的教师，被学校送到厦门大学会计系进修学习。初识恩师是在"会计专业英语"课程上，我第一次聆听到他的教诲，《会计专业英语》也是自己所学的第一本由恩师编写的教材。这门课程的学习为我以后阅读和学习英文版会计专业书籍和文献提供了很大帮助。此后，我又陆续学习了常勋老师编写的《西方财务会计》、《中外合资经营企业会计》等教材，受益匪浅。1988 年，已经具有讲师职称的我考入厦门大学会计系国际会计专业，有幸成为常勋老师的硕士研究生。在此后三年的校园学习生活及毕业后二十多年的工作生活中，我对恩师有了更多的认识和了解，也知道了恩师坎坷的经历和故事。他的言传身教，处处体现了为人正直、淡泊名利、严谨治学、孜孜以求、虚怀若谷、热心助人等高尚品德和大家风范，让我由衷景仰。

在厦大学习期间，为了鼓励学生理论联系实际，恩师为我提供了到厦大会计师事务所实习的机会，让我得以对外跟随老师们参加对中资和外资企业的验资、查账等审计业务；对内协助将会计师事务所中各位兼任审计师的老师所完成的审计工作底稿进行整理和归档，使我从中学到了很多在课本上难以获得的知识，为后来从事会计实务工作奠定了比较扎实的基础。研究生毕业到深圳工作后，我也一直与恩师保持着联系，无论是先前在华侨城集团还是后来在博时基金公司工作期间，对于工作上遇到的难题，都会第一时间向恩师请教，恩师也总能给予及时的帮助；而老师只要有新书出版，也都会给我寄送一本，鼓励我"锲而不舍，学无止境"。

曾记得，在厦大会计师事务所创立初期，恩师作为兼任的主任会计师，对每一份拟向客户提交的审计报告都会亲自认真审核，一丝不苟。

曾记得，当时所里一位年轻教师在恩师帮助下对一家外资企业完成审计全过程并第一次出具审计报告时的喜悦心情。

曾记得，所里的小同事一次不慎将恩师交付打印的文稿遗忘在公交车上，心急如焚，赶紧向恩师报告。恩师不但没有责备，还安慰对方，说文稿若找不回来自己重新写。当这位小同事家里遭遇不幸时，恩师不仅雪中送炭提供经济上的帮助，还顾及受助人的感受，把自己提供的资助款说成是提前支付的稿费。

曾记得，恩师在百忙之中还抽出时间，和师母一起参加我们 1988 级、1989 级、1990 级三个年级的弟子共同组织的海边秋游活动，让我们备感同门大家庭师生的温暖之情。

曾记得，对于向他求助的学生，恩师总是热心相助，甚至不顾自己身患疾病住在医院，也要及时为学生写下一封又一封的推荐信。当我在医院看到此情形并请老师也要注意休息时，恩师说"毕业分配是人生大事，能帮就尽量帮"，让我感动至今。

……

这样的往事，一件件，数不胜数。正如微信群中同学们所说的，做他的学生是我们的荣幸，他的率直、坦然、淡泊、谦逊、慈爱、平易、包容、不抱怨……都是我们的精神财富，也是我们永远怀念的。

敬爱的恩师常勋教授永远活在我们的心中！

（作者单位：博时基金管理公司）

林开桦：注重实务 关爱学生

2017 年 1 月 8 日凌晨，我敬爱的导师常勋教授辞世了，噩耗传来，内心万分悲痛！在送别的日子里，三十多年来与导师相处的往事，不断地在我的脑海中涌现，历历在目，恍若昨日。

1983 年我就读于厦门大学的会计学专业，1987 年毕业分配时留校任教，系里安排我到常勋教授负责的国际会计教研室工作。1989 年我如愿考取了常勋教授指导的国际会计方向研究生。读研期间，我潜心学习，在导师的指导下发表了数篇论文。我的毕业论文《外币报表折算的理论与方法探讨》，得到了导师和黄世忠教授的悉心指导。这篇论文在《深圳财会》连载，被中国会计学会评为 1993 年度会计学优秀论文三等奖。没有导师的鼓励，我没有胆量触碰这个会计难题；没有导师的指导，我也没有能力完成这篇论文。导师的教导之恩，我始终铭记在心。

我仍记得初次见识常勋教授的风采是在本科学习"西方财务会计"的时候。他讲课时手持一柄折扇，在讲台上来回踱步，侃侃而谈。板书刚劲有力、笔锋挺拔，酷似他不惧困难的个性。常勋教授还是一位资深的京剧票友，在系里举办的春节团拜会曾即兴表演一段京剧唱腔，博得满堂喝彩。导师晚年时还会与我们谈论著名的京剧演员，对京剧的式微显得无奈而忧心。

常勋教授终生在三尺讲台上辛勤耕耘，总是不厌其烦地讲解晦涩难懂的知识点，介绍参考书目和文献资料。他笔耕不辍，而且总是及时把新书寄送给我们，让我们了解国际会计的最新发展动态。我时时感受到导师对我的鞭策，因而不敢懈怠。

常勋教授注重实务，有丰富的实践经验，他的课题研究对会计实务具有现实的指导意义，以实例来教学的方式深受学生欢迎。1988年他主创了厦门大学会计师事务所，给会计系师生提供了一个接触实务工作的平台。常勋教授非常爱护会计行业，对整治诚信危机中结构性调整和改革问题有独到见解，认为"要铲除不诚信土壤，必须多管齐下，综合整治"，并在社会无端指责会计行业诚信缺失时为会计从业者仗义执言，大声疾呼"诚信危机的根子到底在哪里"，导师挺身而出的行为令人动容。

常勋教授关心学生，总是毫无保留地动用各种关系为学生写推荐信，帮助学生顺利走上工作岗位。毕业后，我们师生每年至少见一次面，见面时导师总要了解我们的工作和生活情况。我任华侨城股份财务负责人时组织培训班到厦门国家会计学院培训，导师亲自授课，并在黄世忠教授讲课时陪同学员听讲，学员极受震撼。在我表达感激之情时，导师只说这个培训班学员很活跃、很认真，但愿培训内容对他们能有所帮助。我深知导师在竭尽所能地支持我的工作，如此真诚令我永远感怀。

常勋教授离开了我们，但他培养了万千学生，他开拓的国际会计领域后继有人，定能发扬光大。

（作者单位：香港华侨城有限公司）

（以上来源于中国会计视野网，2017年1月22日）

附录六 泪别恩师
——学生代表陈箭深在常勋教授告别仪式上的致辞

各位亲友、各位学长、各位来宾：

今天，我们在此送别我们敬爱的常勋老师，心情万分悲痛、哀思缠绵不绝！

几天来，老师的坎坷人生和传奇经历，一幕又一幕地浮现在我的脑海里；老师的伟岸形象和音容笑貌，一次又一次地展现在我的眼前。

常老师半生坎坷，惨遭不公。他曾给我们讲过：突破日军封锁线给抗日武装送钱送药；在日本人的监狱里受尽酷刑；劳改时吃苦劳作、苦思亲人；重返校园后还受到一些委屈和不公。但他从无半句怨言，却说："比起国家民族曾经历的磨难，我这一点坎坷不算什么。"老人家还时常勉励我等晚辈要踏实做事、认真工作，以专业报效祖国。当"神舟六号"发射成功时，老人家为"祖国强大"而老泪纵横！赤子之心，令人动容！

常老师不仅是会计大家，功底深厚、著作等身，更是位学识渊博、英俊潇洒的教书巨匠。同学们想必还记得，常老师在讲台上风度翩翩、声音洪亮；理论与实务兼容，信息量超大。讲课时，旁征博引、深入浅出，由点到面、不断延伸，为我们打开一个又一个的思想"链接"。他教导我们对问题要"看本质"，要"知其然"，更要"知其所以然"，培养我们注重"概念基础"、强调"专业逻辑"的良好习惯。

常老师刚正而又谦逊。当年社会上一度把诚信缺失、造假不断的矛头不公正地指向会计师时，老人家仗义执言，大声质问"诚信危机的根子到底在哪里"，澄清了种种误解，引起了广泛重视。而对被一同誉为厦大会计系"三面旗帜"的另两位大师——葛家澍教授和余绪缨教授，他十分谦虚地表示"比起他们二位，我的理论功底还不够"。

常老师平易近人、待人平等有礼，他虽尊为老师、长辈，但与他相处时，我们无拘无束、十分放松；对我们没大没小的玩笑，老人家也从不气恼。当他需要别人帮助时，他总是面带微笑地说"麻烦你"、"谢谢你"，绝对不会颐指气使，即便对刚刚工作的小朋友也是如此。

常老师善良慈祥，乐于助人。尤其是对晚辈尽力提携、关爱有加。我的一位学生在毕业十多年后遇到我时，反复提到常老师在他工作初期不厌其烦地写信解答专业问题，帮助他在单位脱颖而出、迅速成长，敬佩与感谢之情溢于言表。因求学、找工作、修改论文、解答难题而得到他帮助的晚辈、学生甚至他并不熟悉却慕名前来的人，更是不计其数。

一句话，常老师在我们学生的心目中是道德巨人、行为楷模，亦师亦友，好似亲人！

常老师，能做您的学生，我们三生有幸；如果有来世，我们还愿再做您的学生！我们会永远地怀念您，并把您的未竟事业继续往前推进！

常老师，您这辈子太坎坷、太辛苦、太劳累了，您安息吧！

我们爱您！

（2017 年 1 月 11 日）

常勋先生学术小传

——厦门大学会计系往事 18

厦大管理学院会计系　汪一凡

本系教师中，常勋先生的经历最为特殊，可谓跌宕起伏。

他出身于著名的圣约翰大学，该校创办于 1879 年，初名圣约翰书院，1881 年学校开始完全用英语授课，成为中国首座全英语授课的学校。1905 年升格为圣约翰大学，是中国第一所现代高等教会学府。在这里，他追随恩师赵绍鼎教授，打下了极坚实的会计与外语功底，并于 1948 年 1 月毕业于约大经济系，留校任助教。此后的 1952 年院系调整时，作为教会学校的圣约翰大学被解散，并入上海多所高校，校址划归华东政法学院（今华东政法大学长宁校区）。

他原来工作的山东经济学院解散后，他于 1953 年与顾继业、王春田等三位一同调到厦大来。其时汪慕恒先生正要调走，常勋先生便接手他所开的"成本会计"课程，还很认真去听了课。但过了不久，在 1958 年的飞来横祸中，他身陷囹圄，中断了在厦门大学的生涯。历史走错的一小步，对于常先生个人却意味着被埋没了的半辈子！笔者生性见不得悲剧，不忍细述他和家属无端蒙受的这段苦难生涯，故本文只能称为"学术小传"。

在身陷囹圄近 20 年后的 1976 年，他于落实政策后被遣返回厦门，终于能过上家常生活。我有中学同学曾见他在家门口手工压制蜂窝煤砖，那都是难得的幸福。工作上，他也回到了熟悉的厦门大学经济系，但是当时"文革"刚刚结束，学校里有些人对他这个曾背着反革命罪名的人还存在一些异议，所以只被安排到系资料室工作。虽是处于被冷落的状态，急于投入工作的他很快就找到用武之地，发挥自己的英语强项，为经济系编的《经济资料译丛》提供了大量的译稿。"我

常勋早年照片

在资料室一待就是四年,这期间我博览群书,不但恢复荒疏了18年的专业,还潜心研究了西方会计学发展的进程和规律,算是因祸得福。"应当说这是一个"热身"的时期,他得以对西方会计学的发展变化作及时的跟踪,并积累了大量的学术资料。

表1是他1978—1983年在《经济资料译丛》发表的译文名(由于该刊目录上没有译者的署名,只能一篇篇地去查,感谢校图书馆老师用手工所作的汇总)。但是,必须指出,这里很可能还遗漏了他以笔名发表的译文部分,因为翻译的学者大致多产,一位译者在同一期刊物发表多篇译文是很常见的,处理方式是只有一两篇用原名,其余的用笔名,而根据常勋先生自述,他在该刊共发表了"150多篇"译文,所以用笔名的情况应当更多。可惜,目前无从掌握他常用的笔名是什么,尚难以查证。1980年秋季,常勋先生的历史错案得到平反,回归本专业并重登讲台。从表1中可以看到,1980年以前的译文多是经济学的内容,1981年起就转向西方会计学的内容了。我想提请读者注意的是,他在后来居上的旋风般效应背后,鲜为人知的是这一段时期所付出的艰辛。

表1 常勋《经济资料译丛》译文目录(1978—1983)

序号	篇名	发表年份	期数	页码	来源
1	《西德在体制安排上真比英国强得多吗?》	1978	2	14～18	摘译自英国《泰晤士报》1978年10月21日
2	《欧洲经济》	1978	2	41～71	摘译自英国《经济学家》周刊1978年
3	《欧洲经济增长的渐变》	1978	2	41～45	摘译自英国《经济学家》1978年1月14日
4	《通货膨胀的国家》	1978	2	45～49	摘译自英国《经济学家》1978年2月4日
5	《不断增加的失业》	1978	2	49～53	摘译自英国《经济学家》1978年2月25日
6	《欧洲的混合经济》	1978	2	53～56	摘译自英国《经济学家》1978年3月4日
7	《欧洲的工业》	1978	2	56～59	摘译自英国《经济学家》1978年3月11日
8	《欧洲的农业》	1978	2	60～64	摘译自英国《经济学家》1978年3月18日
9	《欧洲的能源》	1978	2	64～67	摘译自英国《经济学家》1978年3月25日
10	《离散的集拢》	1978	2	67～71	摘译自英国《经济学家》1978年4月22日
11	《南斯拉夫的政治与经济》	1978	3	14～18	摘译自英国《泰晤士报》1978年4月21日《南斯拉夫专辑》
12	《是来源于列宁的论著么?》	1978	3	18～19	摘译自英国《经济学家》1978年3月11日
13	《波兰濒临动乱的边缘》	1978	3	23～26	摘译自美国《当代历史》1978年4月号
14	《苏联与东欧的关系》	1978	3	29～34	原载美国《当代历史》1978年4月号

续表

15	《能源危机的性质》	1978	3	35~37	摘译自美国《当代历史》1978年3月号
16	《欧洲和日本的能源政策》	1978	3	49~54	摘译自美国《当代历史》1978年3月号
17	《石油输出国组织：供求问题》	1978	3	62~66	摘译自美国《当代历史》1978年3月号
18	《外刊对中国能源资源的估计和预测》	1978	3	66~71	摘译自美国《当代历史》1978年3月号
19	《国际货币基金业务活动中的重大变化》	1978	4	1~8	摘译自美国《国际倾向基金概览》1978-4-3 / 5-22 / 7-3
20	《世界主要经济形势》	1979	1	1~20	摘自英国《泰晤士报》1978年9月25日
21	《战后美国经济发展与通货膨胀问题的资料简辑》	1979	1	22~30	根据《美国新闻与世界报道》所载文章摘译编写
22	《产业萧条中的日本工业财团》	1979	2	22~28	摘译自日本《东方经济学家》1979年1月号
23	《墨西哥、巴西和南朝鲜的出口促进措施》	1979	2	63~67	原载印度《对外贸易评论》第12卷第3期
24	《欧洲货币体系、欧洲和美元》	1979	3	1~7	摘译自英国《银行家》1979年4月号
25	《西方技术对苏联经济的影响》	1979	3	56~63	摘译自美国宾夕法尼亚大学《环球季刊》1978年秋季号
26	《南斯拉夫社会主义自治下的收入及其分配》	1979	4	1~9	摘译自《南斯拉夫概览》1979年第2季度
27	《面向2000的未来世界》	1980	1	1~6	摘译自英国《经济学家》1979年7月14日
28	《美国总统（1981年度）预算咨文》	1980	2	79~83/40	译自美国《纽约时报》1980年1月28日专稿
29	《货币主义：一个历史的、理论的透视》	1980	3	67~73	原载美国《经济文献》杂志第15卷第2期
30	《货币主义：一个历史的、理论的透视（续）》	1980	4	67~74	原载美国《经济文献》杂志第15卷第2期
31	《公司一级的管理职能》	1981	1	55~61	摘译自英国《一般管理杂志》1980年春季号
32	《美国财政会计准则委员会第33号公告-通货膨胀会计的重大实验》	1981	2	46~55	美国财政会计准则委员会第33号公告
33	《关于货币性和非货币性项目的划分》	1981	3	55~56	美国财政会计准则委员会第33号公告
34	《重新组合的美国经济》	1981	4	8~12	摘译自美国《商业周刊》1981年6月1日
35	《财务报表的分析》	1982	1	69~76	译自美国 C.L.Moore,R.K.Jaedicke 合著《管理会计》MANAGERIAL ACCOUNTING 第五章
36	《财务报表的分析（续）》	1982	2	67~73	译自美国 C.L.Moore,R.K.Jaedicke 合著《管理会计》MANAGERIAL ACCOUNTING 第五章

续表

37	《利润计划》	1982	3	68~77	译自美国 C.L.Moore,R. K.Jaedicke 合著《管理会计》MANAGERIAL ACCOUNTING 第十三章
38	《资本投资决策》	1982	4	53~61	译自美国 C.L.Moore,R. K.Jaedicke 合著《管理会计》MANAGERIAL ACCOUNTING 第十五章
39	美国"财务会计准则委员会"(FASB)《财务会计概念公告》(STATEMNETS OF FINANCIAL ACCOUNTING CONCEPTS)内容摘要：第1号公告 盈利企业财务报告的目标	1983	1	65~70	/
40	美国"财务会计准则委员会"《财务会计概念公告》第2号"会计信息的质量特征"内容摘要	1983	2	55~60	/
41	《财务会计概念公告》第2号"会计信息的质量特征"内容摘要（续）	1983	3	89~64	/
42	美国"财务会计准则委员会"《财务会计概念公告》第3号"企业财务报告的要素"（1980年2月）内容摘要	1983	4	60~69	/

　　1984 年，常勋先生同时推出《会计专业英语》（立信会计出版社）和《西方财务会计》（中央广播电视大学出版社）两本书，而他那时已经 59 周岁；1986 年出版《中外合资经营企业会计》（中国财政经济出版社）;1990 年又出版《国际会计》（任主编，上海人民出版社）；2002 年撰写出《会计师事务所经营管理问题》（国家会计学院内部教材）。

　　在我看来，以上 5 册早期的成果是最具拓荒性的，代表了常先生的基本学术方向，在这些成果的基础上延伸、增订、移植、改版等形成的其他成果，虽难度不断加大，范围不断扩展，还是有发展脉络可寻的，常勋先生由此进入长达二十多年的学术成果高产期（见表 2，书名相同而出版社不同的合并表现，未特别标明）。

表 2　常勋先生的基本学术方向

开拓之作	后续延伸成果
《会计专业英语》（立信会计出版社）	《初级会计专业英语》、《英汉、汉英双解会计辞典》
《西方财务会计》（中央广播电视大学出版社）	《现代西方财务会计》、《西方财务会计》（大专版）
《中外合资经营企业会计》（中国财政经济出版社）	《外商投资企业会计》、《外商投资企业会计与财务管理》
《国际会计》（上海人民出版社）	《会计创新及国际协调》（文集）、《财务会计三大难题》、《财务会计四大难题》、《国际会计》、《高级财务会计》、《国际会计准则 2000》（总审、总纂）
《会计事务所经营管理问题》（国家会计学院内部教材）	《注册会计师业务研讨》、《会计师事务质量控制》

上述方向都"接地气",可以很现成地开出课程。读者从"会计系往事17"——《恢复高考后的教材建设》中,可以感觉此前本系的课程尚不够丰富,常先生对本系教学乃至全国会计教学的这一重要贡献,特别值得一提。我还记得,当年常先生把研究生毕业留校的"新鲜人"陈箭深、国桂荣、王明花和我召集在一起,就"西方财务会计"和"国际会计"新开课程面授机宜,如对"实质重于形式"的理解等。此后我连着向88会一、89会二和90审计的三届同学讲授这两门课程,不但捧上了"饭碗",还由于"教学相长"而对西方会计有了深刻的认识,为后来的学术研究打下了基础。

在中国管理会计学会2017年年会上,胡玉明教授在主旨发言中引用我聊天时说的"大师不仅开创了一个崭新的学科,而且还为其他学者和从业人员开创了一个崭新的研究领域和就业天地,解决一批人的饭碗问题",葛家澍、余绪缨和常勋三位先生都做到了,而常先生尤为突出。另外,此"大师说"是本系校友储昭宪学长"原创"的感悟,我甚有同感,加以发挥传播而已,未敢掠美,顺便说明。

除此之外,常先生在64岁时领衔创办厦大会计师事务所,并主持工作凡十年多;年近70岁时领衔创办华厦职业学院,并担任首任院长近十年;作为专家为会计准则的制定献言献策;作为民主党派成员参政议政……其成就之多之广,实在令人难以置信。他说:"有的朋友怀着善意问我,为什么对于十多年的冤屈没有怨言,还是那么孜孜不倦地'卖力'。我总是说,越是失掉过机遇的人,越会觉得机遇之可贵,'有力不能使'的滋味才是最难熬的,我不过是紧紧把握住重新获得的机遇而已,别的都懒得去想了。这是我的真心话。"

在常勋先生90大寿庆典时,我注意他的成果都是1980年代他复出以后的。后来特意问他本人,有没有1958年之前的成果?常先生回忆许久,说是曾发过一篇论文,但论文名和刊登的杂志名都想不起来了。当时我就想,要尽可能找到这篇文章。最近终于找到了,题目是《生产费用核算和产品成本计算的定额法》,发表于《厦门大学学报》1956年第2期,这一篇论文表明,他在蒙难之前的那一段时期已开始学术研究,具有标志性的意义。虽然常先生已仙逝而去,于我而言,也算是偿还了所欠的"心债"吧。

《生产费用核算和产品成本计算的定额法》论文首页

《纸公鸡》剧照

在国人的观念里，唱戏本是"贱业"，俗称"戏子"，社会地位很低的。中华人民共和国成立后学苏联，才有了"人民艺术家"等光荣称号，但随后的政治运动又很快地把他们打回原形，甚至不如以往。不过"文人票戏"又完全不同，这在民间一向被认为是极其风雅的事，号称"民国四公子"之一的张伯驹就是典型的大票友。还在圣约翰大学时，常勋先生就是个票友，从圣约翰大学1951年毕业年刊上还可以看到当年他的剧照（感谢庄肇嘉先生提供），这是常先生自编自导自演的新京剧《纸公鸡》，他自己扮演麦克阿瑟，该剧后来还参加了上海市的公演。厦大会计系举办庆祝活动，常先生兴致高时就来段京剧清唱，极受欢迎。我还目睹了一个细节，作家章怡和的《往事并不如烟》和《伶人往事》两书出版时，我买了赠送给常先生，本来应该说《往事并不如烟》更有看头，但他更有兴趣的却是《伶人往事》，当场就爱不释手地看起来了，可以说当"票友"是他终身的业余爱好。

常勋先生比本系其他同事们蒙受了更深重的苦难，我们有谁曾经历了那样的炼狱？有谁能从那么低的起点开始，靠真本事重新起步？又有谁能达到他那样高的成就？既能承受最差的，也能享受最好的，那就是大修养！

（2017 年 11 月 9 日）

附录八 常勋教授的会计人生

作者：黄世忠、陈箭深、肖华、冯秋英、徐金洲

生平简介

常勋教授，男，1924 年农历五月二十日出生于江苏常州，1939 年毕业于常州辅华初级中学，1941 年毕业于江苏省立常州中学高中部，1947 年毕业于上海圣约翰大学。因这段期间正值抗日战争，学习几度中断。大学毕业后留校任经济系助教，1952 年调山东会计专科学校（后扩建为山东财经学院）；1953 年调厦门大学，并晋升讲师，1983 年晋升副教授，1986 年晋升教授，为国院院终身特殊津贴获得者。1990 年退休后返聘。1993 年在厦门创办华厦职业学院，任首任院长。直至 2003 年辞去所有教学工作，正式退休。

会计人生

一、漂泊的青年时代　学会计纯属偶然

常勋教授原籍江苏省常州市。其青年时代，正值抗日战争时期，1940 年 12 月太平洋战争爆发前，常勋一直在上海公共租界内读高中，接受抗日思潮，并参加了当时也标榜"抗日救国"的三青团（三民主义青年团），秘密参与抗日地下活动，因此于 1944 年 12 月被日寇沪南宪兵队逮捕，经多种酷刑逼供，坚决拒绝出任汪伪职务，至抗战胜利前一直被保外监管。这段时间（1942 年 2 月至 1945 年 8 月二次世界大战结束），除入狱期间外，一直在圣约翰大学经济系读书，主修会计。

在上海从事地下抗日活动，必须找一个公开的职业或身份，他选择了读大学，考取了完全用英语教学的圣约翰大学，进了毕业后出路较好、工作待遇较高的经济系。该系是一个综合性的大系，学生 300 余人，实行主修和辅修制，可供选择的专业课程门类有经济理论、货币银行学、国际金融、国际贸易、税务、企业理财、会计、统计等，他在这些门类中选择会计为主修专业时，并不是出于个人的志趣和抱负，而多半是出于仰慕该系主任、会计学家赵绍鼎教授的声望，因此带有很大的偶然性。

二、基础广、结构精的专业知识框架

在主修和辅修制下，圣约翰采用的是完全让学生自由选择的机制，学生不但可以从专业课程的门类中选择辅修专业，如主修会计、辅修国际金融，主修会计、辅修统计等等；还可以从非专业课程门类中选择辅修专业，如主修会计、辅修政治，主修会计、辅修数学等等；而且，规定的辅修课程学分数的最低限额也不高，只有9学分（一般为3门课程，即：每1门课程大都为3学分，少数有2学分、4学分的）。这种基础很宽的体制，现在是绝少见到的，甚至是难以理解的。在这种体制下，除主、辅修课程，还有6~9学分可以任意选修文化素养课程，如中文、英文、古典文学，还有专为女学生开设的"家政"课程等。

这种基础广的课程结构，必然是与结构精的专业课程相结合的，会计的全部主修课程十分精炼，只包括财务会计、成本会计（当时管理会计尚未发展为独立课程）、审计、会计制度设计。这个基础广、专业精的知识结构，使他终身受益。

值得一提的是"会计制度设计"这门课程的教学方式：教师出课题，如工资制度设计、成本制度设计等等，学生撰写制度全文及报告提纲，面向同学作报告，接受答疑和质询，有时会被逼得无言对答，有时会争辩得面红耳赤，最后由教师作出评价。这种生动活泼、提高教学素质的方法，现在几乎也看不到了。

三、贵族学校穷学生 半工半读搞兼职

圣约翰以贵族学校驰名，殊不知就读的学生中，还有一个半工半读的被称为"长袍帮"的清贫学生群体。这批学生勉强凑钱置备了春、秋季的劣质西服，到冬天，就只能求助于价廉物美的布面棉袍了。常先生考入圣约翰这所名校后，母亲为了奖励他，省吃俭用为他添置了一件面料较好的棉袍，但他在1944年2—6月份被日寇逮捕入狱，这件长袍在狱中磨坏了，只能再添做一件价廉的半新棉袍，一直穿到大学毕业。

在这个清贫学生群体中，为数不少的人到三、四年级便努力寻求兼职机会，一来是为了半工半读，养活自己；二来是预先为毕业后的就业问题铺路，约大毕业生中，在毕业时就已找到一份比较满意的工作的，为数不少。他从三年级下学期起就在美国合众社上海分社编译所兼职，在每天下午7至11时兼做新闻翻译（英译中）工作。收录的英文电讯，经直接翻译后就分送上海各华文报纸了。在此期间，他的翻译速度和质量有了长足的进步。

四、解放后专任教职 走上了会计人生

由于常先生学习成绩优秀，毕业后被经济系留任助教，讲授"会计学原理"，辅导"成本会计"，从此，进入了会计教师的队伍。翻译工作的兼职则延续至解放后合众社在华停业就终止了。

在整顿高校教师队伍中，1951年9月，他经华东军政委员会高教部调至华东

革命大学政治研究院学习，交代历史问题，结业后分配至山东会计专科学校任教；半年后，山东会计专科学校扩建为山东财经学院，仍在该院会计系任教；1953年高等院校调整，山东财经学院撤销，他被调往福建厦门大学任教，讲授"工业会计"，职称评定为讲师。

这一时期（1951—1957）他的政治生活比较宁静，1952年镇反运动中，他在山东财经学院交代历史时，轻松过关，在教学工作中则一向颇获好评。山东财经学院撤销时调往厦门大学的五位青年（相对地说）教师，被公认是当时教学工作中的佼佼者。1958年1月，肃反纠偏运动中对他重新处理，并一再"加码"，实在出乎他的意料：先是改判劳动教养，约半月后又改判有期徒刑6年，他当时的想法是只能逆来顺受，表示"认罪服法"，并且多半是从减轻给家属带来的政治压力着想。至于后来传闻的在肃反纠偏中一再"加码"，是出于要达到预定的比例数，在此就不作评论了。

五、18年漫长的劳改生涯，萌发"葬骨青山"念头

服刑劳改使他的思想上形成一种超脱，与世隔绝，安心劳动。据他说，他白天拼命劳动，主要是为了疲劳贪睡后会摆脱"长夜漫漫，胡思乱想"的困扰，以换取一宵宵的酣睡。他在青草盂农场和溪南煤矿，经常能挑重150斤左右。在黄斜农场的劳动中，他专心学习种菜技术，并且有了浓厚的兴趣。

在此期间，他的家庭发生重大变故。在左倾路线的压力下，妻子薛清渊（中学教员）向厦门市中级人民法院申请与他协议离婚。申请书上泪痕斑斑，他读后伤感不已，决定同意离婚。厦门中级法院特地派法官来黄斜农场了解情况，鼓励他不必同意离婚，他的婚姻关系才得以延续。

这段期间，正值"文化大革命"高潮，不时有人到农场向他逼取如何与走资派勾结的材料，这些人不顾他已劳改多年，与这些当权派早已无联系的事实，威胁利诱，使他难以也疲于应对，顿时感到人生已走到尽头，不如"葬骨青山"了此残生，求一个彻底超脱，因而发生了跳崖未遂的事件，经抢救治疗后保住了生命。

"人如槁木，心如死水"，可以作为他这一段"生犹如死"的心态写照。

六、"小特赦"成人生转折 获新生全赖邓公德政

他在对人生看穿看透的心态下，已逐渐习惯"半自由"的留队生活。没料到在1976年7月，政府宽大释放所有在押的以及遣返所有留队的国民党县团级以上人员，即所谓"小特赦"，又使他重新获得了自由。当年11月，经遣返回厦门的他，又回到厦门大学经济系资料室，担任《经济资料译丛》（主要为英译中）编译。专职的英文翻译工作，不断地锻炼了他的快速翻译能力。因此可以说，"小特赦"成了他人生的又一转折。此后，随着改革开放而来的，是一连串的落实政策，对一些人政治历史问题的平反。他当然是直接的受惠者，1979年经厦门市中级人民法

院裁定，摘掉了他的历史反革命分子帽子，紧接着于1980年初宣布彻底平反他的历史反革命冤案，并且立即恢复原职原薪，重返大学讲坛。他深切地感到，他之能重获新生，仰仗的是邓公的德政，正是邓小平同志的拨乱反正政策，才使他重返人民教师的队伍。

而我国改革会计教学工作中的决定性影响，是与集中计划经济的苏联会计模式决裂，适时地转向以市场经济为导向的美英会计模式。这对他来说，正好是青年时代在圣约翰大学接受的会计教学内容的重现和发展，因而是比较得手应心的。

他重返大学讲坛后，也许是为了补偿他受左倾路线的迫害，其生活和工作是相当顺利的。1983年和1986年，他先后晋升为副教授和教授。同时，由于对外开放，迫切需要教学改革，他在复职后就接受了编写《西方财务会计》、《会计专业英语》两本急用教科书的任务，紧接着又接受了编写《中外合资经营企业会计》（后扩编为《外商投资企业会计》）的任务，这些书出版和再版时都畅销不衰，一时使他在学术上的声望鹊起，这三部教科书也是我国同类教材中最早出版的版本。

七、国际会计教材奠基之作　十多年来畅销不衰书目

在会计界，是保持各国的会计差异，还是推动国际会计协调，曾经有过一段期间的论战，最后以主张会计国际趋同化结束论战，国际会计准则的制定和修订是主要的标志。

常勋教授一贯主张，现代会计就是国际会计，而"国际会计学"研究的则是各国会计实务趋同存异的发展过程。国内第一部《国际会计》教材，是他在1986年5月主译出版的，第一部《国际会计》自编教材，则是常勋和陈箭深在1995年8月合著的。当时还处于国际会计在我国的初创和开拓时期，只有少数高等院校开设这门课程，应该说，其影响还不是很大。

我国国营企业财务会计和西方财务会计的接轨过程，可以说也是国际会计在我国的推进过程。2001年6月由常勋教授独自重写了《国际会计》一书，成为以后国际会计教材的奠基之作。

这时，经历了一段时期的发展，高等财经院校开设的国际会计课程，形成了两类格局。一类是只开设"财务会计"课程的院校（其有不少是高等专科学校），它们把"企业合并与合并财务报表""外币折算""物价变动与财务报表"这三大难题连同"金融工具会计"列入"国际会计"；另一类是分别开设"中级财务会计"和"高级财务会计"的院校，它们将"三大难题"列入了"高级财务会计"，只将"金融工具会计"列入"国际会计"。常勋教授早期在厦门大学出版社出版的《国际会计》，适用于前者，内容也较浅显；为了适应后一类大学的教学需要，又于2001年6月在东北财经大学出版社出版了另一部《国际会计》，不列入"三大难题"，只列入了"金融工具会计"，全书的理论剖析也较深。这两部《国际会计》同样畅销，年发行量

都在 16000 册左右，连同每年发行量也在 16000 册左右的《会计专业英语》，成为当前涉外会计领域的三大畅销书目。在每年再版时，《国际会计》的内容，都有大量的更新和修订，成为目前书坛上修订周期最短的教材。这两部《国际会计》教材，都入选为"国家普通高等教育十一五规划会计学系列教材"，东北财经大学出版社出版的《国际会计》并荣获"2007 年度普通高等教育精品教材"的称号。

此外，在 2005 年 2 月，作为研究生教材的《国际会计研究》，也由常勋教授主编，在中国金融出版社出版。

八、创新见解初步树权威　彻底否定会计国别说

常勋教授对国际会计的创新见解，首先是，旗帜鲜明地指出，现代会计就是国际会计。

他认为，标志着国际经济活动的国际融资活动、投资活动和跨国公司的经营活动，必然要求会计职业界提供国际性的服务，这是促使会计职业国际化的主要推动力；会计职业国际化的进程，界定并发展了国际会计的定义和这门学科的内容。他列举国际会计学家在不同时期对国际会计所下的定义。在对美国学者崔（乔伊）和缪勒对国际会计所下的定义的赞赏中，界定了国际会计的内容包括：(1) 国际比较分析；(2) 跨国经营交易和跨国企业经营方式下独特的会计计量和报告问题；(3) 国际金融市场的会计需求；(4) 通过政治的、组织的、职业界的以及准则制定方面的活动，对世界范围内会计和财务报告的差异进行协调。

他认为，上述定义彻底否定了会计国别观，提出了国际会计诸问题，并且，对全球会计模式进行分类和比较研究，而后指出了 20 世纪 80 年代后期至 90 年代国际会计协调化的强劲发展，进入 21 世纪后，这个趋势又发展成为国际会计趋同化。这就使国际会计这门学科彻底超越了对国别会计资料的归集、分类、对比、研究的范畴，彻底否定了会计国别说。

九、国际会计协调化的进程迄今尚未完成

常勋教授对国际会计的创新见解，其次是，明确指出：国际会计协调化的进程迄今尚未完成。

他认为，一方面，在美、英及其影响的国家这一范围来说，协调化的进程已初步完成，另一方面，对欧洲大陆国家而言，特别是德、法两个大国所奉行的国家会计政策，经调整后也有协调的迹象，但国际会计协调化的进程，迄今尚未完成。虽然，欧盟推动会计协调化的"指令"，特别是第 4 号指令将英国会计模式的"真实与公允"观念引入欧洲大陆国家，是一件具有深远影响的大事，但在处理公允表述与遵循法律之间的矛盾上，仍有很大的差距。在欧洲大陆国家，第一位是"合法"，为达到"公允"而"不合法"，表内的列报仍要求"合法"，只能在报表注释中对"公允"的情况加以披露。

在当前的经济环境下，公允表述但不合法的现象比比皆是，而其存在，大都

在美、英为一方与欧洲大陆国家为另一方之间。在探求其环境因素时,美、英的习惯法体例与欧洲大陆国家的成文法体例,是一个十分突出的因素。许多跨国公司在财务报告中宁可取合法而舍公允表述;在不能舍弃时,也必须在报表注释中披露合法而不公允的事实,这种做法为报表使用者普遍接受和认同,不是在短期内可能改变的。

十、在比较会计模式基础上,探求国际协调化途径

常勋教授对国际会计的创新见解,最后是,明确指出:需要在研究比较会计模式的基础上,探求国际协调化的途径。

对世界各国(主要国家)的会计实务进行国别研究,在此基础上进行分类对比,就其特征集合成若干可作为"规范"的格式,存异求同,正是当前国际协调化的途径。

由此可见,就研究的方法而言,国别研究与国际研究并不矛盾,而是相辅相成的,前者是后者的基础,后者是前者的发展。所谓会计模式,那不过是会计惯例、准则、制度和概念的统称。全球会计模式的分类工作,是通过以(1)判断性分类和(2)实证性推断分类两种分析方法完成的,历史上已形成了各家之说。看来,常勋教授是比较推崇阿伦的"以维护谁的利益"作为标志的通俗易解的分类方法。此外,他指出的以下观点——会计计量看来比披露更具稳定性,以及判断性分类和实证性推断分类的结果基本上是一致性的,也予人以启迪。

十一、诚信办会计师事务所 赢得会计界同声赞扬

他从1985年兼任注册会计师至今,已经历25个年头了。在行业内所以能得到同声赞扬,不外乎他的诚信和勤奋。为了保证教学与工作两不误,他从来不知道哪天是周六和周末,每晚工作至12时左右。在他执行和审核的会计师业务工作底稿中,十余年来(至2003年正式退休为止),从未发生过重大差错,赢得了会计界的普遍赞扬。尤其在哈尔滨举行的第二次全国主任会计师会议上,表彰了厦门大学会计师事务所在执行海南某公司董事长和总经理的离任审计中,根据举报,依靠广大财务会计人员,彻底查清了该公司虚设往来账,编织成一个空头运转的蜘蛛网,终使该董事长和总经理及一些董事会成员受到严肃的法律惩处。在审计过程中,这些犯罪人员不惜以"子弹"或巨额贿赂对他和经办会计师黄世忠进行威胁利诱,受到了两人的断然拒绝。

十二、艰辛创业的范例 华厦经验受称颂

1993年,常勋教授经原厦门市政协主席蔡望怀的一再邀请,出任本市第一所民办大学"华厦职业学院"的首任院长。创业十分艰辛,最初是租用教室办学,首期招生160余人,分为国际贸易、金融、会计三个专业,为了保证办学质量,他在厦门大学遍访名师,再三恳请他们去华厦兼课,组成了第一流的教师队伍。为了克服办学经费困难,他提倡教职员工兼职兼薪,使个人所得不低于公办院校,

兼课教师薪酬（包括交通费）略高于公办学校。对学生严格管理，奖惩分明，对品学兼优的学生多方鼓励，使学院一开始就步入正轨，三年内学生增至600余人，实现经费自给有余。他一再倡导勤俭办学，并且以身作则，将所得工资全部捐赠给学校，创设名流图书基金，使学校一开始就能配备实用的图书资料。为便于管理，他在自建校舍内设女生宿舍，男生宿舍全部在校外租用。由于全校师生的齐心努力，学校一开始就以崭新的面貌出现，其教学业绩一向受到社会的赞扬。

需要指出的是，厦门市政府对华厦学院鼎力支持。在全国尚无先例的情况下，市政府无偿拨给土地50亩，在曾厝垵兴建校舍，后又增拨110亩。爱国华侨吴应湘先生最早捐款100万元，洪涛先生继而先后捐款500万元，在曾厝垵建成教学大楼和办公大楼。学校在市政府支持下迁往集美后，爱国华侨陈水俊先生又捐款在集美兴建图书馆。在庆祝建校10周年时，该院匡算了办学经费的支出大账，生均经费仅为13.36元，这也许是全国实现的最低的标准，10年内用于基建的资金达2000余万元，使华厦的发展速度受人称颂。这里，学院本身的"造血"功能功不可没。

代表论著

1. 论文

序号	发表年份	论文名称	发表期刊
1	1981	《论折旧模式》	《厦门大学学报》1981年第4期
2	1983	《论成本计算模式的改革》	《福建会计》1983年第5期《中国成本研究会论文集第四辑》1984年
3	1985	《论企业内部的经济责任中心》	《中国经济问题》1985年第3期
4	1985	《略论财务会计的结构模式》	《财会探索》1985年第1期
5	1985	《西方财务会计中的公认会计原则与会计假设》	《福建会计》1985年第6期
6	1986	《国际会计的不同定义》	《经济资料译丛》1986年第1期
7	1986	《中外合资经营企业会计中的记账本位币和汇兑损益问题》	《财会探索》1986年第6期
8	1987	《开拓国际会计研究新领域》	《厦门大学学报》1987年第1期
9	1987	《三式簿记构思的深入发展》	《会计研究》1987年第3期
10	1987	《关于中外合资经营企业会计中外币折算方法的探讨》	《福建电子财会》1987年增刊
11	1988	《彻底改革外币业务的会计处理方法》	《厦门大学学报》1988年会计学刊《福建财会》《福建电子财会》1988年第8期分别转载
12	1989	《比照国际会计惯例修订和完善外商投资企业会计制度》	《厦门大学学报》1989年会计学专刊《安徽会计研究资料》1989年第4期、《福建会计》1989年第7期、《浙江财税与会计》1989年第9期、《上海会计》1989年第1期分别转载
13	1990	《必须正视因外汇调剂导致外商避税问题》	《福建会计》1990年第8期
14	1991	《外币业务会计面面观》	分别刊载于《会计研究》1991年第3期、《上海会计》1991年第3期、《厦门大学学报》1991年会计学专刊

续表

15	1991	《国际会计三大难题的新趋向》	辑入《会计知识更新高级研讨会资料 汇编》1991 年 7 月
16	1991	《关于制定我国会计准则的若干问题》	《会计学家》1991 年第 3 期,《福建会计》1991 年第 12 期转载
17	1993	《论会计改革与财务和税务改革的配套问题》	辑入《当代中国会计审计问题国际研讨会论文集》1993 年
18	1993	《长期股权投资核算的权益法探析》	《河北财会》1993 年第 9 期
19	1994	《财务比率浅议》	《浙江财税与会计》1994 年第 1 期
20	1995	《中国会计改革中与国际接轨的若干问题》	辑入《中国当代会计审计问题国际研讨会论文集》,1995 年;《浙江财税与会计》1996 年第 3 期转载
21	1997	《企业募股上市重组方案的策划问题》	辑入《第五次闽台注册会计师 学术研讨会论文集》,1997 年 8 月
22	1999	《控质防险案例剖析》	在中注协主任会计师研讨班上的讲课稿,1999 年 11 月
23	2000	《方方面面话验资》	《中国注册会计师》2000 年第 2 期
24	2001	《中国注册会计师行业的发展正处在关键性阶段》	《第六次闽台注册会计师协会学术讨论会论文集》,2001 年 9 月
25	2002	《从注册会计师的鉴证职能说起》	《中国注册会计师》2002 年第 3 期
26	2002	《诚信建设要多管齐下》	辑入《诚信建设:全社会的共同事业笔谈》,其摘要载《中国注册会计师》2002 年第 7 期
27	2003	《整治诚信危机中的结构性调整和改革问题》	《财会通讯》2003 年第 2 期
28	2003	《解读国际会计协调化》	《会计研究》2003 年第 12 期辑入《转型经济下的会计与财务问题国际学术研讨会论文集》,2003 年 11 月
29	2004	《会计师事务所经营管理问题》	《中国注册会计师》2004 年第 2 期
30	2004	《合并财务报表的概念架构及其重大变革》	《会计之友》2004 年第 3 期
31	2004	《会计师事务所如何改组成合伙制》	《财务与会计》2004 年第 4 期
32	2004	《会计师事务所的营销组合设计与独立性问题》	《中国注册会计师》2004 年第 6 期
33	2004	《从审计模式的演进看风险导向审计》	《财会通讯》2004 年第 7 期

2. 著作

序号	作者	书名及出版年份	出版社
1	常勋、肖华	1984,1987,1993,2000,2004—2010《会计专业英语》	上海:上海人民出版社;立信会计出版社
2	常勋主编	1984,1989《西方财务会计》	北京:中央广播电视大学出版社
3	常勋主编	1986,1989《中外合资经营企业会计》	厦门:厦门大学出版社
4	常勋主编	1990《国际会计》	上海:上海人民出版社
5	常勋	1993《外币交易会计与外币报表折算》	北京:北京经济学院出版社
6	常勋主编	1993《西方财务会计(大专版)》	北京:中央广播电视大学出版社
7	常勋	1994,1995《现代西方财务会计》	北京:中国统计出版社,中央广播电视大学出版社
8	常勋、陈箭深	1996《国际会计》	厦门:厦门大学出版社
9	常勋主编	1993,1995,1997《外商投资企业会计与财务管理》	厦门:厦门大学出版社
10	常勋主编	1991,1998《外商投资企业会计》	北京:中国财政经济出版社
11	常勋	1995,2002,2009《高级财务会计》	沈阳:辽宁人民出版社

续表

12	常勋、肖华	1997，2004—2008《初级会计专业英语》	上海：立信会计出版社
13	常勋	1999《财务会计三大难题》	上海：立信会计出版社
14	常勋合著	1999《会计大典》第7卷：国际会计	北京：中国财政经济出版社
15	常勋	2001，2003，2005，2007—2008《国际会计》	大连：东北财经大学出版社
16	常勋、常亮	2008—2010《国际会计》	大连：东北财经大学出版社
17	常勋	2001，2003，2004，2005，2006《国际会计》	厦门：厦门大学出版社
18	常勋、常亮	2008，2009，2010，2012《国际会计》	厦门：厦门大学出版社
19	常勋	2002，2004，2006，2008《财务会计四大难题》	上海：立信会计出版社
20	常勋、黄京菁	2004《会计师事务所质量控制》	大连：东北财经大学出版社
21	常勋	2004，2008《会计创新及国际协调（文集）》	大连：东北财经大学出版社
22	常勋	2005《国际会计研究》	北京：中国金融出版社
23	常勋	2007《注册会计师业务研讨》	厦门：厦门大学出版社
24	常勋主编	2009《会计师事务所经营管理问题》	北京：经济科学出版社

弟子概览

姓名	最终学历	常勋教授指导下	现职
余恕莲	硕士	硕士	对外经贸大学教授
国桂荣	博士	硕士	民革福建省委会副主委、厦门市委会主委
陈箭深	博士	硕士	天建光华（北京）会计师事务所首席合伙人
方荣义	博士	硕士	申银万国证券股份有限公司财务总监
冯秋英	硕士	硕士	博士基金管理委员会财务总监
徐金洲	硕士	硕士	深圳市长纳长青投资有限公司总经理
薛芸	硕士	硕士	厦门华通国际招商有限公司副总经理
黄新鋈	硕士	学士	福建省财政厅总会计师

大师印象

在同事、学生、亲友中，较普遍的印象是，老年的他是一位和蔼可亲的长者，乐于和年青一代交往，而且没有老气横秋的感觉。

一些知道他的颠沛人生经历的亲友，都对他同情，庆幸他历尽艰辛，赢得一个幸福的晚年。

座右铭

（1）人活着总是要工作的；（2）往事不堪回首，又何必回首；（3）得不到的东西何必强求；（4）别自以为高人一筹；（5）知足者常乐！常乐！

生平年表

1924年农历五月二十日出生于江苏常州。

1937 年，抗日战争爆发，在常州农村避难。

1938 年，赴上海，在公共租界内辅华中学读初三。

1939 年，毕业于辅华中学，升入常州中学（设在上海公共租界内）读高中，加入三青团。

1941 年，太平洋战争爆发，辅华中学从上海迁回常州农村，常州中学停办，作为常州中学学生在辅华中学借读一学期，高中毕业（常州中学文凭）。

1942 年，任辅华中学教导员。

1943 年，在江苏宜兴张渚（未沦陷区）任三青团宜兴分团宣传股干事、股长。

1944 年，日寇攻占张渚，回沦陷区，在上海参加地下工作，任三青团上海支团第一分团书记。同期，在上海圣约翰大学读书。

1945 年 2 月被日寇沪南宪兵队逮捕，入狱 3 个月后保外监管，回圣约翰大学读书。抗战胜利后，任三青团上海支团第一分团（后改为第十一分团）干事，上海支团训练组组员。

1946 年，任三青团上海支团圣约翰大学分团书记；反动党团合并后改任国民党第十一区党部执行委员，国民党上海青年运动委员会指导员（分管圣约翰大学青运会分部），延续至 1949 年上海解放。

1947 年，毕业于上海圣约翰大学，经聘用留经济系任助教，担任会计教学工作。

1949 年，上海解放后留任圣约翰大学经济系助教。

1951 年，经华东军政委员会调派去华东革命大学政治研究院学习，交代历史问题。

1952 年，在华东革命大学政治研究院结业后分配去济南山东会计专科学校任教。

1953 年，山东会计专科学校扩建为山东财经学院，受聘为会计系教员。9 月，华东高等院校院系调整，调厦门大学经济系会计专业任教。

1954 年，在厦门大学经济系（后扩建为经济学院）会计专业（现扩建为会计系）任教，职称评定为讲师。

1955 年，肃反运动结论发布，定性为历史反革命分子，鉴于能主动坦白交代，留用后又积极工作，决定免于刑事处分和行政处分，在原岗位继续工作和学习改造。

1958 年 1 月，在肃反纠偏运动中被逮捕，后经改判为"从宽判有期徒刑 6 年"，从此，开始 18 年的劳改队生活。

1963 年 7 月，经减刑半年后，刑满释放，因厦门地处国防前线，不能遣返，留在劳改队就业。

1976 年 7 月，政府宣布宽大释放所有在押的和遣返所有留队的国民党县团级以上人员（即所谓"小特赦"）时，被遣返厦门安排工作。

11 月，回到厦门大学经济系资料室，任资料员，担任《经济资料译丛》编辑（英译中）。

1979 年，经法院裁定，摘掉"历史反革命"帽子。

1980年，宣布彻底平反历史反革命冤案，恢复原职原薪，重返厦门大学讲坛。

1981年，参加民革。

1982年，兼任中国成本研究会常务理事，退休后改任顾问。

1983年，晋升副教授。

1984年，兼任中国独立审计准则中方专家咨询组成员，后改任组长至退休。当选为民革福建省委会副主任委员，连任两届，退休后改任顾问。

1985年，开始在嘉信会计师事务所兼职，执行注册会计师业务，任副主任会计师。

1986年，晋升教授。

1987年，被聘为厦门市第八届政协委员。作为我国派出的5位专家代表之一，出席在日本东京举行的第六次国际会计教育会议。受聘为美国传记学会顾问研究委员会成员，列入多种世界名人录。

1988年，获福建省1988年"五一劳动奖章"。创建厦门大学会计师事务所，出任主任会计师（兼），事务所脱钩改制后改任天健会计师事务所常任顾问至今。经聘任为福建省第六届政协委员。当选民革第七届中央委员，连任至第八届。

1989年，兼任福建省注册会计师协会副会长，退休后改任顾问。

1990年9月办理退休返聘手续，继续在厦门大学讲授国际会计。先后在北京、上海、厦门三地国家会计学院讲授"会计师事务所经营管理问题"课程，直至2003年。当选为福建省第六届人民大会代表。

1991年，当选为亚太地区会计学术研讨会1991年年会中国组执行主席（共3人）。

1992年，经国务院核准发给政府终身特殊津贴。

1992年，在福建省第六届人民代表大会上当选为常务委员，连任至第七届。

1993年，受聘为香港城市理工学院（后扩建为香港城市大学）高级访问学者，先后两次赴港讲授中国会计。

1993年，参与创建厦门市第一所民办大学"华厦职业学院"，出任首任院长。经艰苦创业，在校学生数现已从首届的150余人跃增至6000余人，已在集美建成可供万人使用的新校舍。

1997年，参加中华职业教育社。

1998年1月，当选为中华职业教育社厦门分社首任主任，2003年任满后改任名誉主任。

1999年，首捐人民币10万元，以义卖出版的专著《财务会计三大难题》，发起为筹集华厦职业学院"名流图书基金"的活动，先后筹得基金近80万元。

2003年，正式退休。

（完稿于2010年）

我对会计人生的感悟

常勋

　　会计职业是一门对职业道德要求很高的行业，会计与财物打交道，失足的概率当然高于一般行业。而且，洁身自好还只是消极的道德标准，积极主动地监督所有经手财物的人，廉洁奉公，才是对会计人生的严格要求。

　　高层的财会人员，往往也参与财务规章的制订，并且主要承担着监督财务规章执行的任务。俗话说："上梁不正下梁歪"，所有的财务主管人员，都不能做歪邪的"上梁"。

　　我毕生从事会计教学工作，我在讲台上一向重视职业道德教育，说穿了，各个层次的会计人员都要安于"职业清贫"，从整个社会看，"会计职业"绝不是"致富的捷径"。

后 记

　　父亲常勋 90 寿辰前，我将一些翻拍的老照片编制成电子相册作为生日礼物，在庆典现场播放。后来，在整理父亲遗物时发现还有不少值得翻拍的照片，感谢父亲的同事、学生及朋友送来的这些照片；另外也还有一些父亲保存的报刊、信函等资料，这些就构成了《影像常勋》一书的主要内容。在此还要特别感谢父亲的首位硕士研究生余恕莲教授饱含深情地为本书撰写了序，要特别感谢父亲的弟子陈箭深博士为本书彻夜校正书稿，要特别感谢福建省注册会计师协会秘书长林阳发先生赶制了一枚为本书锦上添花的"影像常勋"篆刻印章。

　　完稿后再细细回味，总觉得少了些什么，书中翻拍的照片、资料大部分都是父亲 1980 年重返讲台后的，父母亲的结婚照、圣约翰大学的毕业照，父母亲与奶奶、外公、外婆的合影等，"文革"时都烧了，但记忆中的桩桩往事不是能弥补些缺憾吗？于是就有了这篇后记。

　　脑海里的幼时记忆，较清晰的就那么两件，一是常州外婆家的小后院，院里栽着几棵果树，还有花花草草的，常和小伙伴在那里嬉闹。等我 30 多年后回常州随三姨妈再去锁桥湾时，外婆家早已拆了。长大了才知道，我在外婆家那阵子妈妈正怀着身孕随父亲由上海去了济南，直到父亲调往厦大，才把我和在济南出生的弟弟一块带到厦门。

　　再来就是和奶奶在一起的零碎记忆了。父亲在厦大安顿妥当后就把奶奶接到了厦门，奶奶闲不住，帮着做家务，照看我们兄弟俩。奶奶患有严重的哮喘病，常年吃着一种核桃膏，是把核桃仁压碎，和上芝麻、鸡蛋，经油熬熟后再加进麦芽糖，作用应该是"温补"吧。核桃膏冲泡后香气诱人，奶奶总能满足我们的小馋嘴。奶奶终究还是没能挺过去，在1957年父亲出事前就离世了。虽说奶奶没随父亲遭罪，但身处牢狱的父亲不能将奶奶在厦大后山的坟墓迁移，成了他的一块心病，直到2005年在厦门同安"安乐园"为奶奶重新安置了"衣冠冢"，才了却他这桩心事。

我刚上小学二年级不久，父亲就出事了。母亲带着我们兄妹仨哪天离开厦大的，没记住；但那天趴在国光二楼上后窗远远望着我们搬离国光三小伙伴忧惧的眼神，却难以忘却。

父亲这一去就是18年，苦涩、郁闷、失望、忍受与彷徨，几乎充斥了这段"夹着尾巴"度过的日子；然而我们还是幸运的，总是遇到好人，总能得到同情和帮助，总存那么一丝希望。

首先不能忘怀的是李景禧教授和肖素彬老师夫妇。被错划为右派的厦大法律系李景禧教授民国时期就是位大法官，知识渊博，和蔼可亲，他夫人肖素彬老师和我母亲是厦门四中的同事，李教授蒙受冤屈时还不忘关照我们一家，他们是和我家同一天搬离厦大的，并和我家做了18年的邻居。特别是"文革"期间母亲被隔离审查，我们兄弟俩又插队在乡下，小妹犯病独自在家，多亏得到李景禧教授夫妇和"共和路"好街坊的照顾，小妹才转危为安。我们兄妹仨的一张合照就是在那时拍的。李景禧教授还是父亲加入民革的介绍人，父亲也十分敬重这位恩师，后来接替李教授担任民革厦大支部的主委。

我们兄妹仨小学和中学读的都是同一所学校，即厦门公园小学和厦门一中，都有幸遇上了良师，尤其是小学、中学的班主任，以及我在少体校的教练；我们也都结交了一帮至今还往来不断的同学。小弟在中学就加入了共青团，我也总能当上（少先队）"中队副"、"副班长"、（少体校田径队）"副队长"的。可这一丝希望到了"文革"就全破灭了，"黑七类"的"狗崽子"替代了"可以教育好的子女"，上山下乡后招工返城更是渺茫。"文革"期间母亲向父亲提出离婚，其实是我们兄弟俩情急之下闹着要母亲做的。我对父亲的这一愧疚，一直到他85岁寿辰庆典座谈会时，才当众向他作出道歉。

经生产队的再三推荐，我终于在1974年11月上杭县粮食局招工时，被下乡插队所在的公社"收留"，安排到步云粮站，一年后经短训接任了粮站的会计工作。1976年7月，父亲受益于政府的"小特赦"，由"留队"的龙岩黄斜劳改农场被遣返回厦门，不久安排到厦大经济系资料室工作。父亲回家后，我和他的交流就逐渐多起来了。

1977年恢复高考让我和父亲有了首次密切交流的机会。是父亲鼓励并全力支持我参加这次高考的。恢复高考的通知，国务院是1977年10月21日公布的，福建省则是安排12月16、17日举行全省统一考试。满打满算只有50来天的准备时间。多亏父亲当时已在厦大经济系资料室工作，为我准备好考试大纲和数学教科书后，要我请假专程回家取回。而后父亲陆续给我邮寄来语文、政治、历史和地理等科目的复习笔记，这些笔记都是他亲笔按照各科目的考试大纲，逐条、逐点整理出来的。由于时间紧迫，笔记中掺杂着不少红线，有删改的，也有补充的，改多了便在空白处重新整理出一段文字。这就使我能够腾出晚上时间主攻数学，白天的零碎时间则用来复习其他科目；也得益于初一至高一就读厦门一中打下的好基础，粮站的领导和同事也特别支持。就这样，硬是让我按考试大纲完成了备考。后来的结果就颇为滑稽了，起先是"上了厦大录取分数线，有希望录取"的好消息，我填报的三个志愿都是厦大会计系；后来却给浇了盆冷水，省里平衡时给刷掉了！当时我就把所有的复习资料给烧了，第二年的高考也赌气不参加。1978年的春节，一家人都没心思过，父亲更是闷闷不乐，我感觉到他的内疚。其实，这也不完全是父亲还没平反的原因，按当年的高招政策，同等条件下优先录取仍在乡下的知青，况且我的考试成绩也算不上拔尖。春节后回单位不久就接到龙岩行署高招办的一个电话，征询我是否愿意就读龙岩师专中文专业，我稍作考虑就在电话里回绝了，我还是喜欢会计这行当。

1977年恢复高考的经历让我受益匪浅，首先是培养并提高了自学能力，使得日后的电大招生考试及三年的电大学习、专业职称考试、执业资格考试等都能够应对自如；同时也引起领导的重视，1978年就被调往上杭县粮食局财会股任主办会计。从1979年起和我的入门老师一起担任了龙岩地区粮食部门三期财会人员培训班的教学工作。粮食企业会计制度自1986年起要将"增减记账法"改为"借贷记账法",1985年12月对全区粮食部门财会骨干的培训任务又交给我。当时并没有下发统一的培训教材,我便向父亲求援,父亲推荐了葛家澍教授的《借贷记账法原理》,也赞同我结合粮食部门业务流程编制一套实务习题,即从会计分录开始,到登记明细账、总账,直至编制出"资金平衡表"和"利润表",以这样的方式进行培训,并一再叮嘱我要先把借贷记账法的原理讲通、讲透,然后再进行实务操作。培训效果还真不错,所有学员都完成了那套实务习题练习,全区粮食部门会计制度的衔接也得以顺利进行。

1980年婚后不久我便独自调往龙岩粮食部门工作,妻子仍留在上杭一中。因为两地分居,父母一直把孙子带在身边。随着厦门特区的设立,我们返厦工作的愿望更加强烈。当父亲得知厦门财政局下的"厦门华兴会计师事务所"正缺人,便极力向福建华兴会计师事务所主任杨贡祺先生推荐。后来才知道,杨贡祺先生与父亲同为福建省民革常委,有着同样的"蒙难"经历,专业又相同,是无话不说的挚友。事情进展算是顺利,1986年6月我们便举家迁回厦门。我知道父亲这回是竭尽全力了,唯恐我像恢复高考那次一样再失去机会。我也没给父亲丢脸,很快适应了新的工作,1987年"厦门华兴会计师事务所"由分所升格为"厦门会计师事务所"后,因执业注册会计师名额的需要,经审批破例让我自1989年12月起先行取得执业资格,我也在1991年12月首次全国注册会计师考试中就取得全科合格,成为名正言顺的注册会计师,并一直执业到我退休。

回厦门工作后我们就一直和父母住在一块。我庆幸自己在1977年还是选择了会计职业,和父亲的事业有了更多的交集,也从父亲的言传身教中受益良多。父亲在为其事业奋斗的同时,也以自己的方式释放着对家人的挚爱。父爱如山!

谨以此书寄托对父母双亲的怀念之情!

常煊

2019年4月30日于厦门